シリーズ「遺跡を学ぶ」116

よみがえる金堂壁画　上淀廃寺

中原　斉

新泉社

よみがえる金堂壁画
—上淀廃寺—

中原　斉

【目次】

装　幀　新谷雅宣
本文図版　松澤利絵

第1章　彩色仏教壁画の発見

壁画片の発見

一九九一年四月一一日、上淀廃寺跡《かみよどはいじ》第二次発掘調査現場で、掌に乗るほどの小さな土の塊が出土した（**図1**）。

この年の二月からはじまった第一次発掘調査では金堂《こんどう》や塔《とう》などの中心伽藍《がらん》と推定される基壇《きだん》をつぎつぎと掘りあて、すでに調査は大きな成果をあげつつあった。

この日、第二次発掘調査の成果を検討するために集まった発掘調査委員会の委員たちは、姿をあらわした基壇を現地で熱心に

図1●最初にみつかった壁画片
飛天の「天衣」とされていた最初の壁画片。後に仏を荘厳する「幡」と変更された。ひるがえる幡足の表裏の色が描き分けられている。

検討していた。その最中にみつかった一片の土の塊をみつめる調査委員山中敏史《としじ》（当時、奈良国立文化財研究所）の表情に緊張が走る。

赤く焼き締まった粘土塊の一面は白く平滑で、そこに細長い赤茶色と漆黒色の流麗な色彩がみてとれた。土ぼこりの舞う発掘現場に不釣りあいな色彩は、違和感とともに大きな発見の予感を抱かせた。まさに法隆寺金堂壁

図２ • 法隆寺金堂の第10号壁・薬師浄土図
薬師如来を中心に両脇侍（日光・月光）菩薩、神将、比丘、力士などが配され、上方には天蓋・飛天もみられる。

図3 • 上淀廃寺の位置と周辺の遺跡分布
古代遺跡の宝庫「淀江」。かつて潟湖であった平野の東側最奥部、向山古墳群を望む丘陵の南斜面に上淀廃寺はある（●は縄文時代、●は弥生時代、●は古代の遺跡）。

画（図2）とならぶ古代の彩色仏教壁画の発見、千三百年におよぶ時の流れを飛び越えて、この地に白鳳時代の仏教文化の精華がよみがえった瞬間であった。

上淀廃寺とは

上淀廃寺は鳥取県米子《よなご》市淀江《よどえ》町（旧・西伯《さいはく》郡淀江町）の平野に面した丘陵裾部にある（図3）。「上淀廃寺」という名称は、「上淀集落にある廃れた寺」という意味の現代になってつけられた遺跡名である。古代寺院の名称は、たとえば伯耆《ほうき》国久米《くめ》郡（倉吉《くらよし》市）の大御堂《おおみどう》廃寺では「久米寺」と書かれた土器が出土していることから、郡名を冠したことがわかっているし、群馬県前橋市の山王《さんのう》廃寺は文字瓦から「放光寺《ほうこうじ》」と呼ばれたことが知られる。また『出雲国風土記』に記述のある「教昊寺《きょうこうじ》」は造営にかかわった教昊という僧の名がつけられている。残念ながら上淀廃寺からは「寺」と刻書されている須恵器《すえき》が出土しているだけで（図4）、本来の寺名は伝わっていない。

そこで「上淀廃寺」という名称で話を進めていくが、上淀廃寺では彩色仏教壁画の発見を受けて、中心伽藍と後背丘陵部を広範囲に発掘調査し、特異な伽藍配置と華麗な堂内荘厳《どうないしょうごん》が明らかになった。そして地方寺院の全体像、寺院建立の背景や変遷・廃絶なども推定できることから、山陰地方における古代寺院調査の典型例となったのである。

図4 ● 須恵器皿に刻書された「寺」字
寺院地西端から出土した須恵器皿の内側に刻書されていた。書き順に7世紀代の特徴がある。

第2章　よみがえる白鳳の荘厳

1　奇跡の壁画出土

金堂の「荘厳」

釈迦《しゃか》の遺骨である舎利《しゃり》を安置する塔と異なり、礼拝の対象となる本尊を安置する金堂は、金色に輝く如来像《にょらい》と脇侍菩薩《わきじぼさつ》などを、極彩色の壁画や仏具などで華麗に装飾する。こうして仏を華麗に装飾することを「荘厳」という。古代の人びとは、経典に描かれた仏の世界が再現された、まばゆいばかりの輝きを放つ金堂の荘厳に言葉を失ったことだろう。

古代寺院の堂内壁面装飾としては、布地に刺繍した繍仏《しゅうぶつ》や薄い銅板を叩いて浮き出させた押出仏《おしだしぶつ》、粘土で型をとったレリーフ状の塼仏《せんぶつ》、そして壁画が知られている。このうち繍仏などは伝世品にほぼ限られるが、土でできた塼仏は古代寺院の発掘調査でも出土することが多い。

これらに対して、壁画として知られていたのは、一九四九年の火災により焼損した法隆寺金堂壁画だけであった。それに上淀廃寺壁画が加わった意義は大きい。古代寺院の堂内を壁画で荘厳していたのが、法隆寺だけではなかったことを地方寺院ではじめて明らかにしたのである。

なぜ壁画が残ったか

上淀廃寺の金堂基壇周辺から出土した壁画片は、大きさが一センチに満たない小片から三〇センチほどの壁体まで五九二二点もあった（図５）。土壁が柱に接していた部分の破片もあり、その柱際近くにも彩色がみられることから、堂内の壁いっぱいに描かれた壁画であったことがわかる。

このうち約四分の一にあたる一三〇五点に何らかの彩色が残り、肉眼に加えて赤外線などによる観察によって、壁画に描かれたモティーフとしては、如来の脇侍である「菩薩」、仏を守護する「神将《しんしょう》」、仏を飾る仏具の「天蓋《てんがい》」、背景となる「遠山《えんざん》と霞《かすみ》」、華やかな「花卉《かき》」などが認められた

図５●焼土層における壁画出土状況
金堂基壇まわりの焼土層を掘り進むと壁画片があらわれる。
赤茶色の神将の胸甲・小札などが鮮やかだ。

が、何が描かれたのかわからない破片が大半を占めている。

寺院が廃絶し、土中に埋没する過程で土壁が崩れ落ちてしまうと、描かれていた壁画も失われたはずである。なぜ、上淀廃寺の壁画は保存されたのだろうか。赤褐色や黄燈色に焼きしまった壁体にこそ、この謎を解くカギがあった。

建立されてから約三〇〇年たった一〇世紀前後に、火災によって上淀廃寺の堂塔が焼失したことが、発掘調査によってわかっている。基壇の周囲には、このときかき出された炭混じりの真っ赤に焼けた土が堆積しており、バラバラになった壁画・塑像の破片はそのなかに含まれていた。本来であれば土に戻ってしまうはずの土壁が火災時の火熱を受けて焼き締まったことにより、キャンパスにあたる白土面が崩れることなく保たれたのである。不幸にして寺院が火災に遭ったことが、壁画が保存される条件だったのである。

残った彩色と消えた彩色

しかしこの被熱により、壁画は本来の色彩を失ってしまった。なかでも水銀朱などは顔料そのものが失われたと考えられる。それでも熱に強いベンガラや緑青《ろくしょう》・群青《ぐんじょう》などは、鮮やかな色あいこそ失われたものの痕跡をとどめ、奇跡の壁画を現代に伝えることになった。

壁画にはどのような色が使われていたのだろうか。蛍光X線などの科学分析結果によると、鉄とわずかの鉛成分、さらに銅成分が確認されており、法隆寺壁画の火災後の調査結果や中国敦煌壁画などの美術史的な見解から、赤系（ベンガラ・朱・鉛丹《えんたん》）、黄系（蜜陀僧《みつだそう》）、緑系（緑青）、青系（群青）など六系統、八～一二色前後の顔料を用いた、鮮やかな色彩の仏教壁画が描かれていたと考えられる。

推定される顔料によって描かれた壁画の被熱実験によると（**図6**）、酸化鉄のベンガラの赤色は紫褐色として、塩基性炭酸銅の緑青・群青の緑・青色は黒っぽい色彩として残った。一方、炭素からなる墨は焼失し、硫化水銀の朱は蒸発して完全に消失した。臙脂《えんじ》や藤黄《とうおう》などの有機染料は著しく褪色し、鉛丹・鉛白・密陀僧など鉛顔料は、黄味を帯びたガラス質に変化した。

つまり変色しても顔料として容易に認識できるのは緑青・群青、ベンガラ、白土のみで、輪郭を縁どる描き起こしに用いた墨や朱は熱で失われたと考えられるのである。

上淀廃寺の壁画には下絵を写しとった「捻紙《ねんし》」や「陰刻《いんこく》」の痕跡は判別できない。おそらく下絵をもとに壁面の白土下地の上にベンガラで一気に下書き

図6● 被熱実験「菩薩」
左：推定される顔料で描いた復元壁画（林功画）、右：熱を加えた後の壁画。
多くの彩色が失われることがこの実験で明らかになった。

を描き、彩色の後、墨線などで描き起こして完成したと推定される。画師の力量が試されたことだろう。

2 金堂北側の壁画

壁画は二種類あった

壁画発見の騒ぎが落ち着いてくると、第二、三次調査において金堂北側から出土した細密な印象をもつ壁画断片と、第四次調査以降に金堂の東・西側から出土した大きなモティーフの壁画断片の違いが注目されるようになった。出土壁画を分析した百橋明穂《どのはしあきお》（絵画史）は、これを北側出土の壁画Ⅰ類と、東・西側出土の壁画Ⅱ類に分類している。まずは二種類の壁画の概要からみてみよう。

金堂北側から出土した壁画Ⅰ類は、「神将」、「菩薩」、「天蓋」、「天衣」、「遠山と霞」、「遠景樹木」などのモティーフが明らかになっているが、いずれも小片であるため、壁画に描かれた主題は明らかでない。

さらにモティーフがわかるものは少なく、破片の多くは何が描かれているのかさえわからないが、それでも観察を進めていくと、これら金堂北側でみつかった壁画と、東・西側でみつかった壁画には、モティーフ以外にも明らかな違いがあることがわかってきた。

壁画保存対策を担当した沢田正昭（保存科学）によると、壁画の下地となっている白土が、壁画Ｉ類では肌理《きめ》の細やかな伸びのよい良質の薄い白土地を用いているのに対して、壁画Ⅱ類ではやや粗い黄色味を帯びた白土を用いているという。

神将と菩薩

壁画Ｉ類の代表的な壁画片をみていくことにしよう。

はじめに有名な「神将」である（図７）。斜めを向き、顔はやや上を見上げた姿勢で、頭髪から目・鼻・耳までがよくわかる。髪際から顎までの長さが三・五センチしかない小さな像であるが、襟首から胸甲《きょうこう》の飾りや肩当などの甲《かっ》冑《ちゅう》が描かれていることから、仏尊を守護する神である「天部《てんぶ》」であることがわかる。顔の横には大きな蓮弁状の模様が描かれていることから、如来や菩薩に関わるものと思われ、この神将はいくつかの諸尊が配された構図の周囲を固める

図７●「神将」壁画
もっとも有名な壁画。胸甲のていねいで、しっかりした彩色に対して、頬などのラフな線はベンガラによる下書き線と推定される。

天部と推定される。

　ところが、神将の場合、「カッ」と見開いた眼で仏敵を睨みつけているものだが、この像は神将らしくなく優しげで、目を閉じているようにさえみえる。これが最初の疑問だった。

　じつは、恐ろしげな眼や眉は黒々とした墨で描かれていたと思われるが、被熱により黒色が失われているのだ。閉じた目のようにみえた線はベンガラの赤茶色の線で、見開いた眼の下瞼に入れた赤みの表現とみられ、敦煌壁画や日本の仏画にもみられる描法であるという。当然、色白の細面ではなく、目を見開いた力強い神将であったはずである。

　さらに、ほかの天部とみられる断片では、首から下の胸甲や飾り金具、肩当の小札《こざね》や腹巻・草摺《くさずり》などの甲冑が詳細に描かれている断片が複数あるが、大きさや甲冑の形状が異なっており、少なくとも四体分の神将が想定できる。不思議なことにこれらの神将の面部では彩色も線描もまったくみいだせない。消えた面部は下書きも含め墨線で描かれていたようである（**図5参照**）。

図8●「菩薩」壁画
斜めを向いた「菩薩」頭部の壁画。目鼻も明瞭でないが、群青と思われる頭髪と頭飾りがみえる。

つぎに「菩薩」をみてみよう（**図8**）。神将と逆方向の斜めを向いた頭部で、ほぼ同じ大きさの像である。目鼻は識別できないが、花形の頭飾りをつけて冠帯でつないでいるのがわかる。白く色が抜けている部分は金箔か藤黄で金具を表現していたものであろう。

ほかにも頭飾りと肩に垂れる髪の断片もあり、黒色にみえる垂髪は、群青の青色であったと思われる。このほかに立像の菩薩の腰裳《こしも》か結び紐と思われる断片もあり、神将同様に複数の菩薩像が描かれていたことがわかる。

如来像は？

菩薩・神将はいずれも斜めを向いた小さな像であり、法隆寺の浄土図のように壁画の中心に位置したもっとも尊格の高い如来を両側から見上げていたのだろう。

如来像をとりまく背景をなしていたと考えられるモティーフとして、天蓋や台座の一部、天衣や仏を荘厳する「幡《ばん》」などがみつかっている。

このうち天蓋は鮮やかな赤色が残る断片である（**図9**）。楕円形の蓋《きぬがさ》に火炎宝《かえんほう》

図9●「天蓋」壁画
鮮やかな赤褐色が印象的な壁画。楕円形の蓋に火炎宝珠の飾りがつき、唐草様の羅網が垂れ下がっている。

珠《じゅ》の飾りがつき、唐草状の飾りである「羅網《らもう》」が垂れ下がっている。

壁画発見の端緒ともなり、当初は飛天の「天衣《てんね》」ではないかとされた断片は、垂下する幡と後に変更された。輪郭線をともなわない自由なタッチで、幡足を条ごとに赤系の暖色と青・緑系の寒色を塗り分ける配色がなされている（**図1参照**）。

しかし、肝心な如来の断片は不思議にみいだせない。如来を描くのに高価な朱が用いられたため、火熱で姿が失われたのかもしれない。また、火災による崩壊の後、重要な断片は意図的に集められ、特定の場所に安置あるいは埋納した可能性も指摘されている。

遠山と霞

さらに、こうした中心的な構図を囲む自然景のモティーフとして、山際に生えた「遠景樹木」、空間の隙間を埋める「下草」、画面上部に描かれて、遥か遠い空間的な広がりを象徴する「遠山」と「霞」を組み合わせた断片もみられる。こうした描写は添景としての自然表現として古代絵画にしばしば登場するものである。

図10●「遠山と霞」壁画
筋状にたなびく霞とわき上がる茜雲、キノコ状をした山も峰をのぞかせている。高松塚古墳壁画とも共通するモティーフだ。

なかでも「遠山と霞」は高松塚古墳壁画や正倉院宝物のなかにきわめて近似する例をみいだすことができる（図10）。横に筋状にたなびく霞から茜雲がわき上がり、雲間にはキノコ状に丸く盛り上がる遠くの山々が峰をのぞかせる古代の遠景表現の伝統をたどることができるという。一方、高松塚古墳では雲間からのぞく山々がノコギリの歯のように先端が尖っている。

また、串団子状の樹林帯や櫛状に樹叢と樹幹を表現する手法も正倉院琵琶の捍撥絵《かんばちえ》などにみられ、これらは敦煌莫高窟の壁画にもしばしばみられるという。上淀廃寺壁画の絵画表現は、中心部分が仏教絵画としての基本に則って描かれ、周囲の背景をなす自然景の表現などは東アジアの古代絵画の描法を踏襲しているのである。

供養者の発見

発掘から一八年目に壁画復元の資料調査の過程で確認されたのが、「供養者」とみられる壁画である（図11）。供養者とは仏に香などの供物を捧げる俗人のことで、並んで坐す二体の胸元が描かれており、V字状

図11 ●「供養者」壁画
横並びで坐す2体の供養者。V字状のゆったりとした襟元と衣の色の違いがみてとれる。

図 12 ● **復元壁画**

金堂外陣北壁の復元壁画。法隆寺を参考に、主尊と聖衆が左右対称に配され、背景は遠近法によって描かれた浄土図として再現。

の襟元と異なる色の衣がよくわかるが、やはり面部の描線は失われている。横並びで坐す姿勢からは背景となる千体仏として画面の周囲を埋めていた可能性も考えられる。

このように当初は気づかなかったモティーフでも、ある時、突然インスピレーションが働くこともある。多くの作例が頭に入っていないと、こうした僥倖《ぎょうこう》にも恵まれないことだろう。

復元壁画

さて、この金堂北側から出土した壁画は、堂内のどこに描かれていたのだろうか。仏像が安置される内陣の柱間を来迎壁（仏後壁）のように土壁で閉じるのは八世紀後半の唐招提寺金堂以後であることから、金堂外陣の北壁に描かれたと推定される。これらの判明したモティーフを集約して壁画の復元が試みられた（**図12**）。

壁画片には本尊らしき図像はみあたらないものの、画面の中心に配置されて重要な構図をなしていたであろう菩薩や神将といった諸尊と天蓋・台座があり、その周囲をとり囲んで背景をなしていた樹木・下草、遙か後方には遠山や霞など数多くの細かなモティーフが配された、複雑で細密な構図の壁画が想定されるのである。

3　金堂東西の壁画

これに対して金堂の東側と西側から出土したⅡ類とされる壁画断片は、大きく様相を異にする。特徴として個々の図様が大きくなり、尊像の表現はまったくみられないにもかかわらず、背後を荘厳する「頭光《ずこう》」や、像が立っていた「蓮台《れんだい》」、脇を飾っていた蓮華や宝相華《ほうそうげ》を描いた「花卉」などのモティーフばかりがみられるのである。

頭光と蓮台

仏頭の後背に描かれる「頭光」は二重の円光からなり、内円と外円の間では彩色を微妙にぼかしているのがわかる（図13）。頭光の中心からは截金《きりかね》によると思われる二条ないし四条の放射光（光芒）が発せられている。この頭光の大きさも三種類くらいあり、復元すると直径二〇・三〇・四〇センチ前後と推測される。ただし、頭光内側の円のなかに尊像の頭部を描い

図13 ●「頭光」壁画
彩色が微妙にぼかされた二重の円光。中心からは放射光が発せられるが、尊像の頭部を描いた痕跡は認められない。

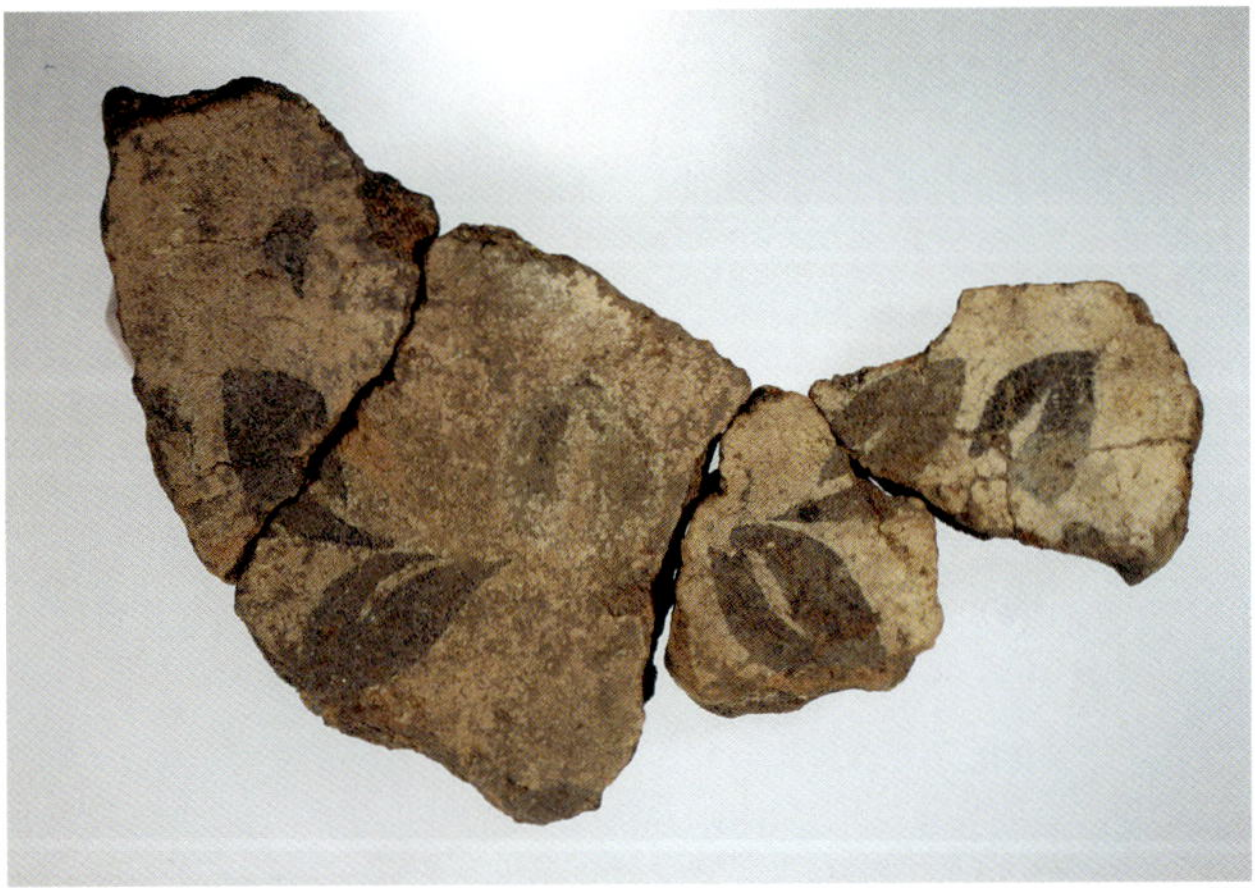

図14 ●「蓮台」壁画
受花・反花からなる二重蓮弁の台座。やはり仏の姿はみえない。隣り合う蓮弁でカラフルな色の描き分けがなされている。

た痕跡はみられない。

「蓮台」は受花《うけばな》・反花《かえりばな》からなる二重の蓮弁で、個々の蓮弁の中央の葉脈の部分が白く抜けている（図14）。蓮弁には黒色のものとやや薄い色のものがあることから、寒色系と暖色系の色を交互に塗り分けたカラフルな蓮弁であったと思われる。蓮台の大きさは二〇センチ程度である。

このように頭光と蓮台だけが描かれ、仏菩薩の姿がまったくみいだせないのがⅡ類壁画の謎である。これについては、仏身そのものは壁画としては描かれず、壁の前に塑像仏を配し、頭光や蓮台といった付属物が壁画として描かれたのではないかとも推測されるが、日本ではこうした類例は知られていない。

壁面を彩る花々

蓮華や宝相華とみられる「花卉」も注目される（図15）。そうした想像上の花のモティーフは敦煌壁画では初唐の則天武后期にしばしばみられるという。敦煌三二一窟壁画が典型例であり、十一面観音の脇の空間を荘厳する花として描かれている。百合の花のように、左右対称に大きく反り返ってカーブする花弁には、正倉院宝物の例からすると、赤・青・黄・紫などを濃い色から少しずつうすくなるように段階をつけて色どる

図15●「花卉」壁画
金堂西側から出土。蓮華や宝相華とみられる何種類もの大ぶりな花卉が出土しており、尊像の脇を荘厳していた。

繧繝《うんげん》による彩色が施されていたと思われる。これらの花卉が、壁の前面に立つ彫像群の間を埋めるべく頭光や蓮台とともに壁画として描かれていたのだろうか（図16）。

　このように彫像と壁画とを組み合わせて、複数の仏菩薩・聖《しょう》衆《じゅ》が居ならぶ荘厳は、敦煌莫高窟にみることができる（図17）。東西外陣壁の壁画は塑像とともにあった可能性があることがわかってきた。仏像の光背として表現される「頭光」だけが描かれ、仏の頭部が描かれていない壁画の存在がこれを裏づける。こうした稀有な手法からは、上淀廃寺に華開いた仏教文化が遠くシルクロードを経て伝えられたことがわかる。

図16 ● 復元壁画2
頭光など、仏菩薩の周囲を荘厳していたと推定されるⅡ類壁画から再現された東西外陣壁画。

壁画の出土がもたらしたもの

すでに述べたように、これまで古代寺院において堂塔内を壁画で荘厳する例は法隆寺が唯一であった。法隆寺壁画は聖徳太子ゆかりの大寺院の堂内を荘厳するものとして、暗黙のうちに例外的な存在と考えられてきたのではないだろうか。

これに対して全国の古代寺院では、三重県名張市の夏見《なつみ》廃寺や奈良県明日香村の川原寺《かわらでら》裏山遺跡での大量の塼仏の出土などから、粘土板に仏像を型取りした塼仏を壁面にびっしりと貼り並べる荘厳が多くなされていると推定されていた（**図18**）。

しかし、上淀廃寺の壁画発見により、地中に埋もれた寺院には、中央・地方を問わず、堂内に壁画が描かれていた可能性が出てきた。

実際に上淀廃寺での発見以後、各地の寺院遺跡から壁画断片ではないかとの報告がつづ

図17 ● 敦煌莫高窟第45窟
中央の釈迦如来像をはじめとする塑像仏群の後方には壁画が描かれている。

き、法隆寺若草伽藍《わかくさがらん》（創建法隆寺）、山田寺（奈良県）、日《ひ》置前《おきまえ》廃寺（滋賀県）、田辺廃寺（大阪府）、山王廃寺（群馬県）などで、壁画の可能性がある壁体が確認されている。しかし、いずれも断片で数が少ないことから、モティーフなどを知ることはできない。唯一、奈良時代に行基が建立した山崎院《やまさきいん》（京都府）で唐草文様を描いた壁画が確認されている。

壁体・壁画の出土例は、発掘調査の進展により今後も増えることが推定されるが、今日までの状況からみるかぎり、多くの古代寺院が壁画で堂内を荘厳していたとは考えにくい。仏像彫刻と同様に、仏教壁画を描くことができる画師は貴重な存在だったのかもしれない。

図18 ● 川原寺塼仏
川原寺裏山遺跡から出土した方形三尊塼仏。千数百点の塼仏が発見され、堂内の壁面を埋めつくしていたことがわかる。

4　堂内にあふれる塑像仏

残された塑像片

一九九二年の第四次発掘調査で、金堂跡の西側から出土した塑像片を見て、女性作業員が思わず大きな声を上げた。ごつい爪と皺がリアルな八センチほどの足指だった（図19）。

後にそれは菩薩像の足指だと判明する。塔および金堂の基壇周辺からは、壁画の断片だけでなく、そうした塑像片が多量に出土し、塑像仏が安置されていたことがわかったのである。

上淀廃寺からは第五次調査までに約三七九七点の塑像片が出土した。そのうち七六九点が像の表面にあたる部分で、何らかの造形が認められた。ただし小片が多く、像の種類や大きさ、部位を特定できたものは一〇〇点ほどにすぎない。

塑像とは、仏像の形に組み上げた芯木《しんぎ》に藁《わら》をまきつけて、その上に荒土・中土・仕上土と呼ばれる粒度の異なる土に切り藁・もみ殻・紙などの「すさ」を混ぜて造形するもので、最終的に表面に白土の下地を塗り、その上に彩色や金箔を施した「彩塑《さいそ》」となる。したがって、土で成形された塑像はそのままでは残らない。壁画と同様に火災に遭って塑土が焼き締まったことで焼き物のようになり、かろうじて現代に伝えられたのである。

上淀廃寺では火災の高熱によって、芯木は燃えつきて、像としてはバラバラの状態になってしまっている。また、壁画同様被熱によって彩色も変化し、たとえば花文や繧繝花文を描いた衣部片では、顔料によっては失われてしまった彩色・文様も多いと考えられる（図20）。

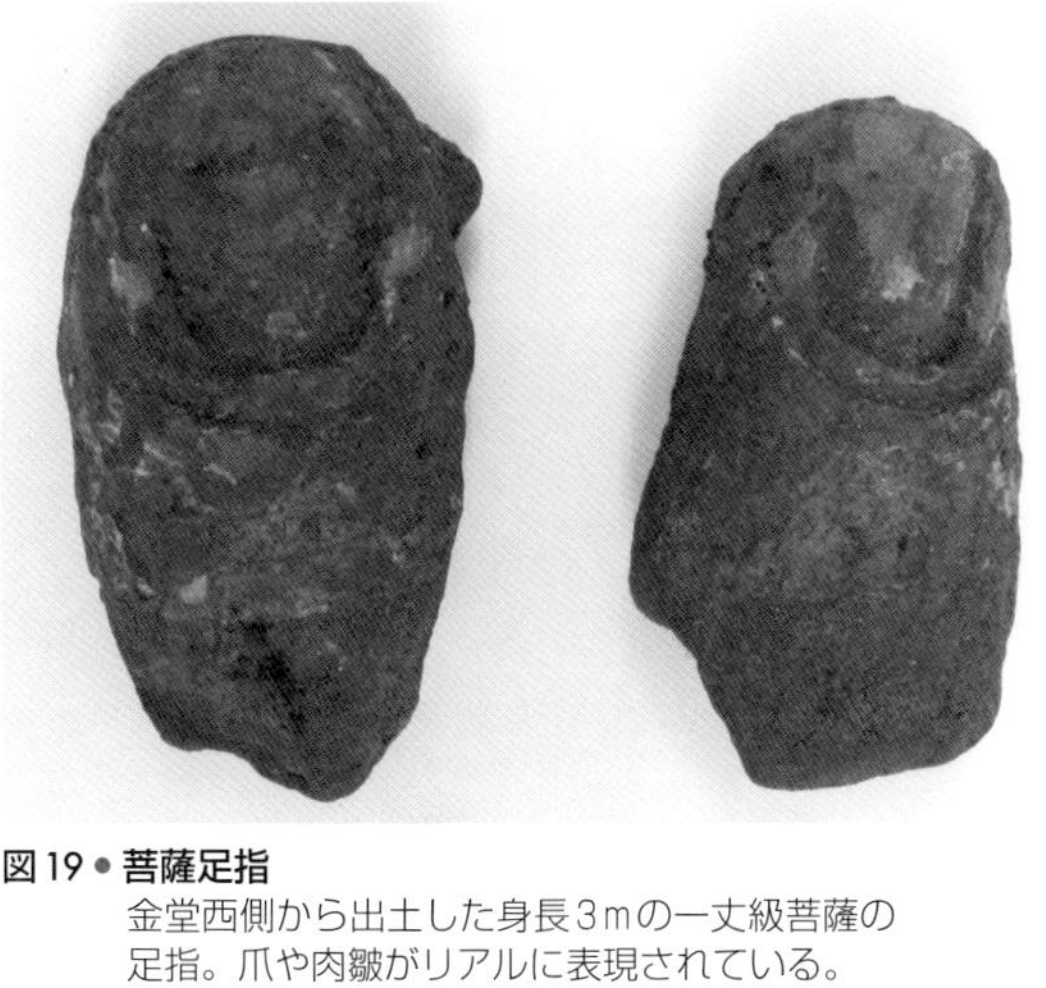

図19 ● 菩薩足指
金堂西側から出土した身長3mの一丈級菩薩の足指。爪や肉皺がリアルに表現されている。

また菩薩像の腕の装飾品である臂釧《ひせん》の一部とみられる蕾形花《つぼみかたはな》飾《かざり》には、黒色を呈する塗料の上に金箔も残っていた（図21）。

上淀廃寺の塑像片は、松田誠一郎（仏教美術史）が、如来・菩薩・天と俗人（供養者）などの像の種類と大きさ、そして作風・型式などをもとに時期を検討し、Ⅰ類からⅣ類までに四分類した。塑像Ⅰ類は小型の如来像、Ⅱ類は丈六《じょうろく》級三尊像、Ⅲ類は三尺級の神将像、Ⅳ類は二尺から三尺級の供養者を含む小像群である。この分類に従い、塑像片の出土位置から、どの堂塔にどのような像が安置されていたのか推定してみよう。

二つの本尊

まず礼拝の対象となる本尊を安置した金堂の塑像についてみてみよう。Ⅰ類の塑像は、金堂西側から出土した小型の螺髪《らほつ》（如来の丸まった髪）三点である（図22）。これは半丈六《はんじょうろく》（立像で八尺、約二・四メートル）前後のやや小型の如来像のものと考えられる。造形や技法から年代を推定することは難しいが、創建期の本尊である可能性が高い。

続くⅡ類もおもに金堂周辺から出土しており、数も多く、上

図20 ● 繧繝花文を描いた衣部
菩薩像の衣の断片に描かれた花文。白色の最淡部を含めて2段ないし3段の簡素な繧繝彩色で描かれている。

図21 ● 蕾形花飾
塑像仏上腕部に巻かれた臂釧の蕾形花飾。表面の黒色を呈する塗料の上に金箔が残っている。

淀廃寺出土塑像群の中心をなす重要な一群である。丈六級と推定される如来坐像（約二・四メートル）と一丈（約三メートル）級の両脇侍菩薩立像からなる三尊像と考えられる。如来像では螺髪と頭皮（図23）、眉間にある白毫《びゃくごう》、懸裳《かけも》、菩薩像では脚部、手指、掌、足指に加えて衣部、菊座、瓔珞《ようらく》など装身具などが確認された。

Ⅱ類の制作年代は八世紀半ばから後半と推定された。年代を決める根拠となったのは、菩薩像右足膝の衣の襞《ひだ》の断面の形状である（図24）。丸い襞の間に鎬《しのぎ》だった襞が入る作風が、七四〇年ごろの造像とされる東大寺法華堂《ほっけどう》の本尊である不空《ふくう》羂索観音立像《けんさくかんのんりゅうぞう》や八世紀後半の唐招提寺の伝獅子吼菩薩像《でんししくぼさつぞう》と類似していることが注目された。さらに蕾状の腕飾や宝珠飾の形態、女性作業員を驚かせた足指の写実的な表現もこの年代を裏づけている。

Ⅲ類は金堂西側から三尺級の小型神将像の面部一点が出土した（図25）。作風が東大寺戒壇院《かいだんいん》の四天王像と類似しており、八世紀半ば前後と推定される。

塑像を分類した松田氏は、これらの像を制作した仏師が不

図23 ● Ⅱ類如来頭皮と螺髪
月面のクレーターのような凹みが並ぶ如来の頭皮。表面の仕上土が柔らかいうちに別造りの螺髪を圧着した痕跡であった。

図22 ● Ⅰ類小型螺髪とⅡ類大型螺髪
大小２種類の螺髪がある。３点だけ出土した小型の螺髪（下段）は半丈六級の如来像のものと考えられる。

空羂索観音立像に代表される東大寺の仏像を制作した造東大寺司の造仏工房において仏像制作の技術を習得した可能性が高いとしている。

Ⅳ類では、小像が出土している。注目されるのが髪の毛と右目のまわりの破片である（図26）。小さな像ではあるが、目元の造形などに綺麗な彫刻面がみられる断片で、もうひとつの唇から顎の断片とも共通する制作者の技量の高さを感じさせる。

これらは女性の供養者か女性の姿をした天部と考えられている。また、仏法を守護する八部衆の迦楼羅《かるら》の左目とされる破片も確認されている。大きさは四センチ。発見したのは丈六三尊像の復元に取り組んだ山崎隆之（仏教美術史）だが、こんな小さな破片からよくわかるものだと驚くばかりであった。こうした如来や菩薩にともなう眷属《けんぞく》と呼ばれる小像が出土することから、当初、金堂内にはⅠ類の半丈六級本尊を守護する群像が安置されていた可能性がある。

小さな仏たち—塔本塑像—

Ⅳ類の塑像は、塔跡の周辺からも出土している。二尺から三尺級（約六〇〜九〇センチ）の

図24● Ⅱ類菩薩右膝
菩薩立像の右足膝下部。大小に波打つ衣文には菊花丸文を散らしている。一丈級菩薩像の存在を決定づけた最大の塑像片。

小像である。菩薩・天部・供養者などがあり、面部、胸甲、上背部、手先、懸裳などのほか、邪鬼または獅子の巻髪、山岳や磯形という須弥山を表現したと考えられる破片が出土している。

これらは、その作風から八世紀前半の制作と推定されるという。Ⅳ類が安置されたと考えられる塔は仏舎利を納めたストゥーパに起源をもち、外から礼拝するものであるが、ここにも仏像が安置されたのだろうか。

塔の初層には「塔本塑像《とうほんそぞう》」と呼ばれる群像を安置することが多い。上淀廃寺の場合も、法隆寺や薬師寺にみられるように、奈良時代に流行した須弥山を背景に群像を配した塔本塑像があったと考えられる。地方寺院にも塔本塑像が安置されたことがわかる貴重な調査例となった。

これらⅠ〜Ⅳ類の塑像は、半丈六級当初像、丈六級三尊像（**復元は図51参照**）と天部群像、そして塔本塑像などの関係から、**図27**のような変遷と組

図25 ● Ⅲ類神将面部
眉根を寄せ、両眼をいからせた神将像の面部。
像高は約100cm前後の３尺像と推定される。

図26 ● Ⅳ類供養者
緩やかにカーブを描く眉弓、エッジの鋭い切れ長の眼が印象的な天部あるいは女性供養者の面部。作者の力量の高さが感じられる。

み合せが考えられる。

上淀廃寺の金堂内には、礼拝の対象として如来像をはじめ、菩薩・天部像などの仏像が安置され、その周囲の壁面は彩色壁画で荘厳されていたことが明らかになった。それは白鳳寺院の堂内荘厳を発掘資料により復元しうる稀有な例として注目される。これらの壁画・塑像は、図様・形状あるいは年代観において大きく二種類の要素が認められる。その変遷については、伽藍や瓦の調査成果とあわせて検討しなければならない。

ここでふたたび発掘現場に戻り、上淀廃寺の伽藍と瓦類についてみていこう。

年代	壁画	塑像	伽藍・瓦
650			
			軒丸瓦Ⅰ類・軒平瓦Ⅰ類
	壁画Ⅰ類	Ⅰ類半丈六級如来像	金堂　癸未年紀年銘瓦
700			
		Ⅳ類群像	南塔・中塔
		Ⅲ類三尺級神将像	軒丸瓦Ⅱ類
750	壁画Ⅱ類		
		Ⅱ類丈六級如来像　一丈級脇侍菩薩像	金堂・中塔改修
800			
850			
			補修瓦（下市築地ノ峰東通窯跡）
900			
			伽藍炎上

図27●塑像・壁画の変遷
二種類の壁画と四種類の塑像の組み合わせと変遷は、第3・4章でみていく基壇の様相や軒丸瓦の変化とも一致する。8世紀中ごろの大改修は明らかだ。

第３章　特異な伽藍配置

1　三塔一金堂

古くから知られていた上淀廃寺

上淀集落周辺では以前から瓦を拾うことができたので、ここに寺院跡が存在するであろうことが大正時代には知られていた。一九一五年（大正四）の『宇田川村史』には、瓦以外にも「およそ八、九〇年前地下から焼け余りの六角柱で、木質はケヤキのもの」が出土したと伝承している。宇田川村とは当時、上淀集落が属していた村で、その後、淀江町、さらに米子市に合併している。こうしてみると上淀廃寺の発見はじつは江戸時代にさかのぼるのかもしれない。

淀江町長も勤めた考古学者・倉光清六《くらみつせいろく》は、一九三二年（昭和七）の『鳥取県郷土史』において「宇田川村福岡字上淀旧称寺内に所在、上淀部落の東方の高台の南面に位置し、いま全く田圃の中に址を没している」と位置を特定して礎石の存在も記述している。上淀集落は、古くは

「寺内」と呼ばれていたことがわかる。

それから半世紀を経て、『淀江町誌』の編さん委員であった佐々木謙は、一九八五年に刊行された町誌において、上淀廃寺の場所を福岡字櫻田の水田とし、戦後間もないころに水田耕作中に発見されたとする柱座付礎石の写真を掲載、ボーリング調査などにもとづき礎石の配置を推定している。

法起寺式伽藍配置か?

古代寺院を構成する建物には、本尊を安置した金堂、仏舎利(釈迦の遺骨)を納めた塔などがあり、これらを「伽藍」と呼ぶ。こうした伽藍の配置には一定の規則性があるとされ、塔・金堂の配置や数により、飛鳥寺式、四天王寺式、法隆寺式、薬師寺式などと呼ばれている(図28)。

一九九〇年度から着手した第一次調査では、『淀江町誌』の記載にもとづき、調査区を地形にあわせて設定したが、結果として倉光や佐々木が指摘した礎石には元の位置を保つものはなく、東西ないし南北の方位に沿った基壇が確認された。これにより調査区を方位にそろえて拡張した第二次調査で、東西にな

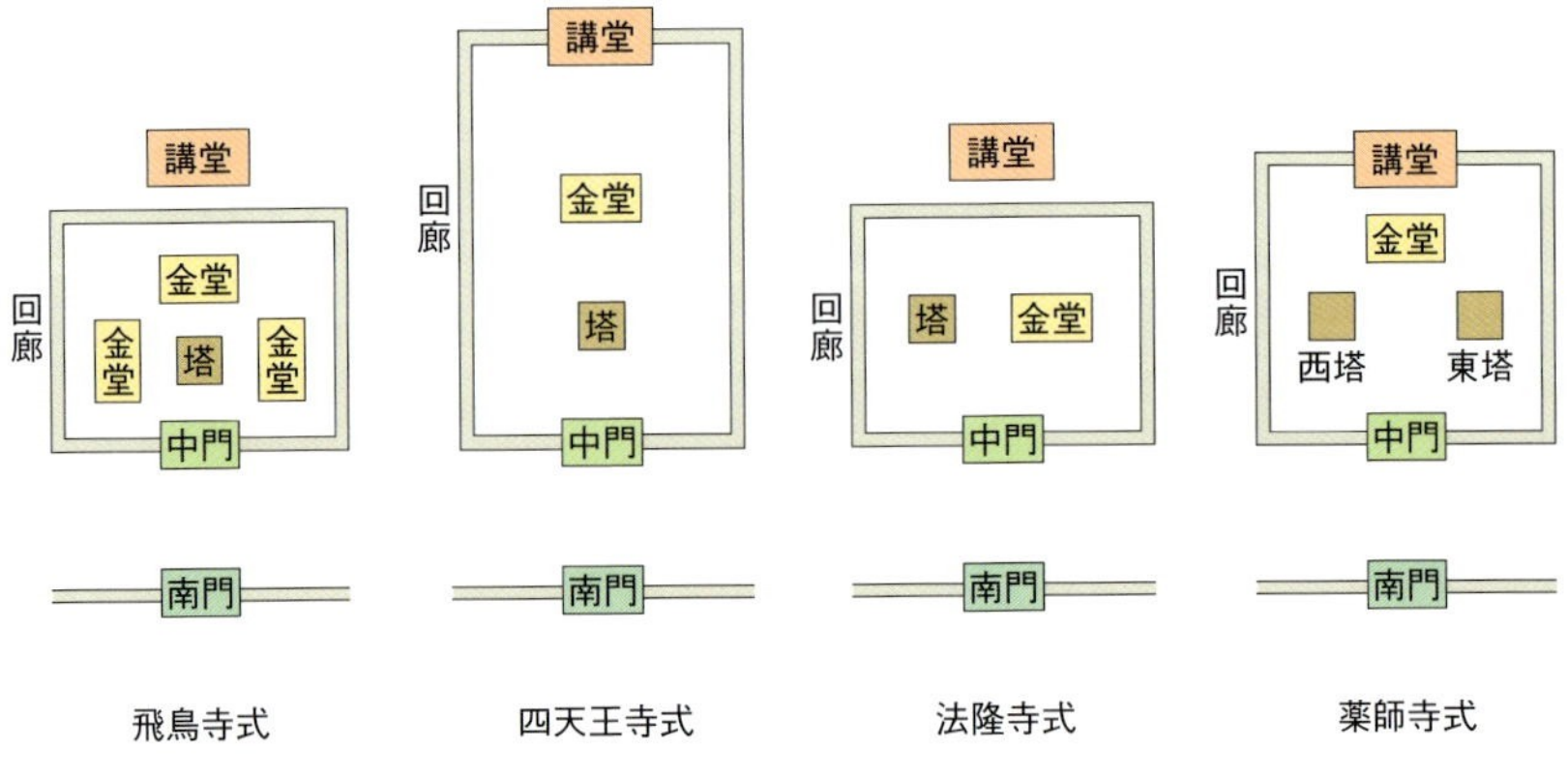

図28 ● 古代寺院の伽藍配置
仏舎利を安置する塔から、本尊を安置した金堂に中心が移っていくとされる古代寺院の伽藍配置。法隆寺式の塔・金堂の左右が入れ替わると法起寺式と呼ばれる。

らぶ二つの基壇を確認した。ちなみに壁画片を発見したのは、西側の保存状態のよくなかった基壇の北側である。

この基壇は、瓦を積み上げた「瓦積基壇《かわらづみ》」と呼ばれるもので、東西が長い長方形であることから、南を正面とする金堂と判断した（図29）。

一方、東側の保存状態のよい基壇は東西一〇・〇五メートル、南北一〇・二〇メートルと正方形をしており、塔に特有な心柱を支える心礎が発見されたことから塔と考えた。

この二つの基壇は、南辺がそろっているので、西に金堂、東に塔（後の中塔とした）を横並びに配する法起寺式《ほうきじ》（法隆寺式）伽藍配置と想定した。法起寺は法隆寺の北東にある飛鳥時代創建の寺院である。

ちなみに法隆寺と同じ伽藍配置をとる白鳳寺院としては、上淀廃寺のある伯耆国旧汗入《あせり》郡の東に隣接する旧八橋《やはし》郡の斎《さい》尾《のお》廃寺（琴浦《ことうら》町・特別史跡）がある。地方寺院としては金堂と塔の配置を逆にした法起寺式の伽藍配置が多くみられ、鳥取県内でも因幡国・土師百井《はじももい》廃寺（八頭《やず》町・国史跡）、伯耆国・大寺《おおでら》廃寺（伯耆町・町史跡）が知られている。ただし、大寺廃寺では心礎が残る北側基壇を塔、南側基壇を金堂と判

図29 ● 金堂基壇正面
後世の削平により、瓦積基壇外装の最下層と石列の一部のみが残っていた。中門のある下段から金堂のある上段に上るための石段が金堂正面につくられていた。

断して、伽藍全体が東面するとされている。こうした知見から、上淀廃寺が法起寺式であったとしても疑問はなかった。しかし、さらに伽藍の調査が進み、塔から南に拡張した調査区を掘り進めると、また新たな謎に向き合うことになる。

特異な伽藍配置

中心伽藍の内容確認を目指した第四次調査で、この塔の南側に地形が張り出す部分で、新たな瓦積基壇を発見したのである。当初は南面回廊かと思われたが、調査区を拡張していくと、塔と同規模な方形基壇であることがわかり、基壇中央に心礎が確認されたことから、この新たな基壇も塔と判断された。この二番目の塔を「南塔」と命名し、最初に発見した塔はこの段階では「北塔」と呼んだ。

これだと配置が変則的ではあるが、二塔一金堂の伽藍だ。二塔をもつ伽藍配置は、飛鳥と奈

図30 ● 南北にならぶ3塔
写真上から南塔・中塔・北塔？　南北に3塔が並ぶ有り様は壮観だ。地上式であった中塔心礎のみが、耕作の邪魔になって深い穴に落とし込まれ、位置がずれている。

良の薬師寺に代表される薬師寺式とされ、金堂の前方両側に東塔・西塔を配するものである。また、茨城県の新治《にいはり》廃寺や兵庫県の三ツ塚《みづか》廃寺では、金堂の両側に塔を配するが、いずれにしても上淀廃寺のように南北に塔を配した例は知られておらず、薬師寺式の双塔伽藍の変形と考えられるに至った。

ところが特異な伽藍配置の議論はこれで終わらなかった。この段階で北塔と呼んでいた基壇の北側、後背丘陵の間の空間地に設定した調査区で新たに塔心礎を発見したのである（**図30**）。

これにより、金堂の東側に南塔・中塔（北塔から名称変更）・北塔（第三心礎と呼ぶ）の三塔が南北にならぶ「三塔一金堂」というまったく類例のない伽藍配置が明らかになったのである（**図31**）。これは、歴史の教科書にものっていない上淀廃寺独特の伽藍配置であった。

2　第三の塔は建ったか？

南塔・中塔と第三心礎

「三塔一金堂」の伽藍配置が明らかになると、問題となったのは、南塔と中塔の基壇間が約二メートルしかなく、この二塔が同時に建っていたのかどうかという疑問であ

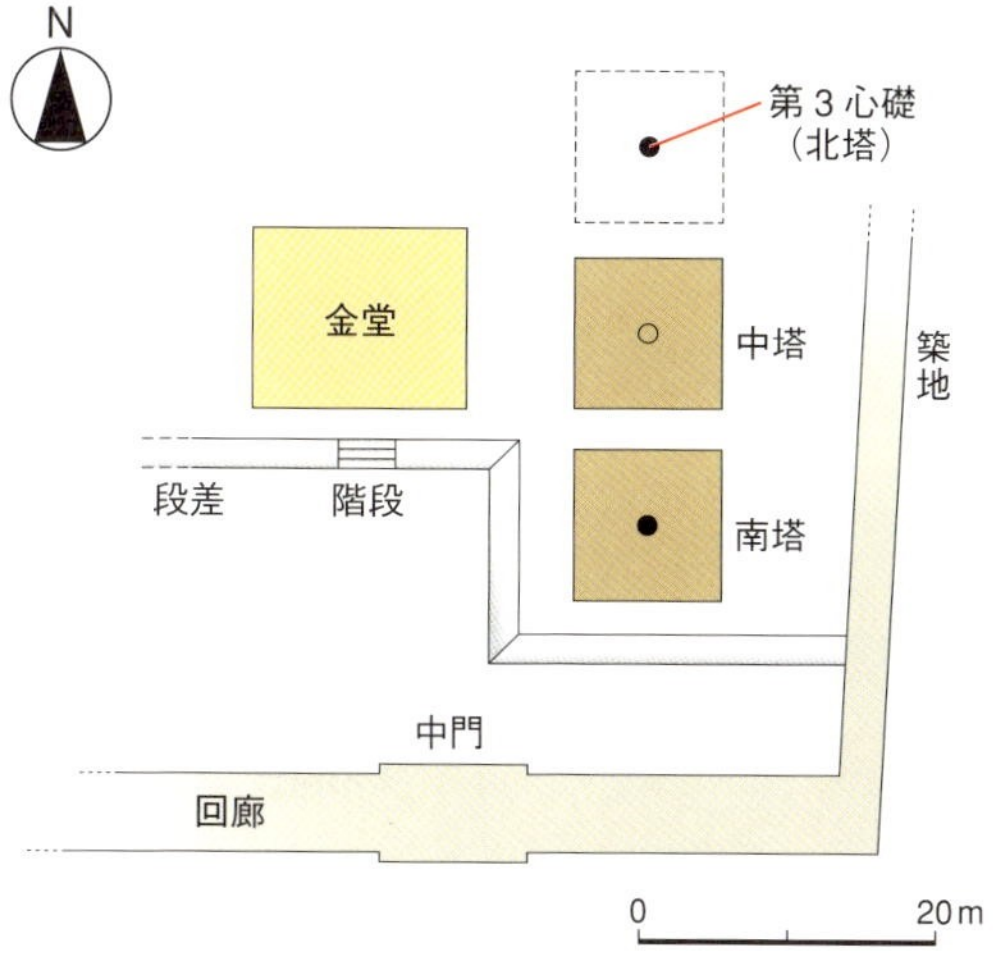

図31 ● 中心伽藍配置図
三塔一金堂は、国内はもとより、日本に仏教を伝えた朝鮮半島にも類例がない特異な伽藍配置だ。

った。

この問題に対しては、両基壇の周辺に瓦や焼土が厚く堆積していることから（図61参照）、寺院廃絶時に中・南塔の二塔が建っていたことは明らかであった。基壇の石列外側に塔初層軒先からの雨落ちを示すと考えられる溝もあり、あたかも軒を接するように建ちならぶ二塔の同時存在が認められた（図32）。

つぎに議論になったのは、第三の塔（北塔）が建ったのかという疑問であった。中塔の北側には南塔のような瓦積基壇はみられず、発見されたのが心礎だけだったからである。

確かに基壇や礎石の痕跡、瓦葺きの建物があったことを示す瓦の堆積などがみられないことから、第三の塔が寺院廃絶時に建っていたとは考えられない。しかしながら、中塔の北側には背後の丘陵段差との間に、新たに確認された第三心礎を中心に塔一基（一辺が

図32 ● 上淀廃寺想像復元図
金堂と中・南二塔が聳え建つ伽藍を再現した。北塔（第3心礎）は表現していない。後方丘陵上には、鐘楼がみえる。

一〇メートル四方の基壇）がおさまる空間があり、中塔心礎を中心に南北対称の位置に南塔心礎と第三心礎（北塔）が位置することから、当初から三塔を建立する計画があったと推定されるのである。

三つの心礎

三つの心礎の構造を比較してみよう。中塔心礎は径が約二メートル、厚さ一・二メートルを測る巨大な礎石で、他の二心礎を規模の上で圧倒している（**図33①**）。後世に水田耕作の障害になったのだろうか、西

①中塔の心礎

②南塔の心礎（根巻き瓦が残る）

③北塔の第３心礎

図33 ● 南塔・中塔・北塔の心礎
方形の舎利穴がある巨大な中塔心礎に対して、南塔・北塔（第3心礎）の心礎は柱穴も浅く、舎利穴がないことが特徴だ。

に約二メートル動かして深い穴に落とし込まれていたが、これを残存していた根石の上に戻すと、推定高約一・二メートルの基壇から上面が露出する地上式心礎であったと考えられる。

これに対して南塔心礎は、上淀廃寺伽藍で唯一位置を保っていた礎石である（図33②）。つまり南塔心礎が基壇盛土内に埋め込まれた半地下式の心礎であったために、耕作の邪魔にならず、動かされることがなかったのである。

北塔心礎もおおむね元の位置を保っていると考えられる（図33③）。創建時に建立された北塔が、ある時期に失われたと考えることもできるが、心礎だけを残して基壇を除去するというのは不自然ではなかろうか。私は基壇築成前に中心位置に第三心礎が据えられたものの、何らかの理由で塔の建設が中止されたと考えている。

一方、近年まで上淀廃寺跡北西部にあった大日堂に伝来したとされる石造相輪を頂部にいただく土塔を想定する説もあり、第三の塔の構造に関する結論はまだ出ていない。

三塔の謎

では、なぜ三塔なのか。これにもいくつかの説がある。まず考えられたのが、それぞれの塔を寄進した人物が異なるという説である。

地方寺院で木造塔を二基備えていた伊勢国の多度神宮寺《たどじんぐうじ》は、八〇一年（延暦二〇）の『多度神宮寺伽藍縁起并資財帳』によると、檜皮葺三重塔（東塔）は、美濃国の豪族近士縣主新麿が、瓦葺三重塔（西塔）は近国の道俗知識《どうぞくちしき》（僧侶・俗人で寺院に寄付をする人たち）を率いる大僧《だいそう》都賢璟《ずけんきょう》が建立している。これを上淀廃寺の複数塔にあてはめるならば、造営氏族のなかの複数の家柄あるいは道俗知識などにより建立された結果とみられなくはない。

在地の有力氏族内に存する複数の家系が、共通する祖先への崇拝や功徳を積むことを通じて、氏族内の結束を高める意味を込めて塔を寄進していたこともありえよう。これを証明することは考古学的には困難であるが、第5章で上淀廃寺の造営者を考えてみよう。

三塔に込めた仏教思想

三塔それぞれに仏が祀られているという説もある。

中塔心礎には方形の舎利穴があり、仏舎利かそれに見立てた宝玉類が納められたことから、中塔が釈迦仏を祀る釈迦塔であることは間違いない。ちなみに舎利穴は円形筒状で、壺形の舎利外容器が納められる例が多いが、上淀廃寺の長方形の場合は箱形容器と考えられる。有名な崇福寺《すうふくじ》跡（滋賀県）の場合は、金・銀・銅製の箱形外容器のなかにガラス瓶の舎利容器が納められていたが、上淀廃寺でもそうだったのだろうか（図34）。

これに対して南塔心礎・第三心礎（北塔）には舎利穴がなく、釈迦以外の仏を祀ったものと思われる。二塔を

図34 ● 崇福寺舎利容器
1940年（昭和15）に塔心礎側面の舎利穴から発見された。金・銀・銅の三重容器のなかに舎利に見立てた水晶を入れたガラス瓶が納められていた。

造立する薬師寺でも、舎利穴があるのは西塔（本薬師寺は東塔）だけである。これに注目した森郁夫（考古学）は、心礎の舎利穴の有無により、上淀廃寺中塔心礎に真身《しんしん》舎利が納められて釈迦如来を祀り、心礎に舎利穴のない南・北塔には、塔内のどこかに法身《ほうしん》舎利が納められたか、その計画であったと考えた。法身舎利とは、寺あるいは仏にふさわしい経典とされる。これならば舎利穴は必要ない。

三塔造立に檀越《だんおつ》（施主）の仏教観が反映されたとみると、東西にならぶのであれば、それぞれの仏の浄土の方角から、西塔には阿弥陀如来を説いた無量寿経《むりょうじゅきょう》、東塔には薬師如来を説いた薬師経を法身舎利として納めるところだが、塔が南北に配されるので話はややこしい。ある経典には文殊《もんじゅ》菩薩の浄土が南方に、普賢《ふげん》菩薩の浄土が北方にあると説かれており、文殊・普賢菩薩を脇侍とする釈迦三尊の仏教観により特殊な伽藍配置が採用されたとみることもできる。

仏典に疎《うと》い著者には適否を判断することができないが、弥生・古墳時代から対外交流により先進的な文化・経済を培《つちか》った淀江地域の特性を考えると、とても魅力的な説である。各塔の造立者が異なるという説とも、仏教観と檀越の意図が一致すれば必ずしも矛盾しないだろう。また、多度神宮寺の西塔のように僧が建立したのであれば、深い仏教知識に裏づけられていたことも考えられよう。

それならば三塔の事例がもっとあってよいのではないかという疑問もあるが、確かに国内に類例はない。朝鮮半島をみても双塔形式はあっても三塔はみられない。唯一、百済の全羅北道益山市の弥勒寺《みろくじ》は中央の木造塔の左右に石塔が並ぶ三塔であるが、各塔の背後にそれぞれ金堂があり、一塔一金堂の三院が並立する伽藍配置なのである。

ただし、上淀廃寺のような特異な伽藍配置をとる古代寺院は、じつはもっと多くあるのではないかと考えている。地方自治体がおこなう発掘調査はさまざまな制約から全面調査など望むべくもなく、伽藍配置を完全に把握するに十分な調査ができていない場合も多い。上淀廃寺の場合も、西に金堂、東に塔（中塔）を発見した時点では法起寺式を想定していたことからしても、中央の古代寺院の伽藍配置（図28参照）にはあてはまらない個性的な伽藍が今後増えていくように思えてならない。

山陰道からの景観

塔が南北にならぶ意味について、寺の西側の淀江平野を南北に走っていたであろう古代山陰道からの景観を重視したのではないかという説もある。

東から西にのびる尾根の南斜面に立地する上淀廃寺は、寺の正面である南側には小枝山が壁のようにそびえ立ち、あまりにも閉塞的である。眺望が開けるのはむしろ平野に面した西側で、檀越有力氏族の奥津城《おくつき》たる向山《むこうやま》古墳群のある独立丘陵を望むこともできる（図3・56参照）。

官衙・正倉が律令国家の民衆に対する権威のアピールでもあったように、西側からみた三塔が並立する壮麗な景観をグランドデザインとして檀越たる郡司たちが意図していたとしても不思議ではない。それが前記の仏教教義にもかなっていれば、一挙両得といえよう。

上淀廃寺の伽藍が、西に金堂、東に塔（中塔）という東西配置を基本としながら、中塔の南北に二塔を配し、三塔が南北に並ぶ「三塔一金堂」という、ほかに例をみない特異な伽藍配置をとった理由は、これからも私たちを悩ませることだろう。

3 中心伽藍を掘る

塔・金堂

さて、伽藍配置がわかったところで、つぎに個々の建物についてみていこう。

上淀廃寺跡は、後世に水田・畑とする際に基壇の上面が削平されたため、塔・金堂の建物礎石は地下式の南塔心礎を除いてすべて動かされており、礎石配置などは明らかでない。このため塔・金堂の規模や構造を知る手がかりは多くはないが、中塔に関しては基壇の規模と側柱礎石の抜き取り穴が二カ所確認できたことから、柱間六・五尺の三間×三間の塔初重が想定された。心礎の心柱枘穴《ほぞあな》から推定される柱径が比較的細いことから三重塔が推定される。

また、金堂に関しては東西一四・三五メートル×南北一二・五六メートルという基壇規模から比較的小規模な金堂が推定されるが、三重県の夏見廃寺のような身舎《もや》・廂《ひさし》とも桁行三間×梁行二間か、岐阜県の杉崎廃寺のような身舎が桁行三間×梁行二間で四面に廂をめぐらす桁行五間×梁行四間の建物となるのかはわからない。後述する史跡整備では、礎石が残り、創建時期が同じで地理的にも近い斎尾廃寺金堂を参考にして五間×四間で復元を試みている。

礎石の多くは上面を平坦に加工しただけのものであるが、金堂北側から出土した礎石には径五四センチの円形柱座を造りだしているものがある。これは金堂基壇上の内陣礎石の再現に採用されている。また、金堂・塔ともに基壇各辺に造りつけの石階段は認められず、基壇上に登るためには木階段を設けていたと思われる。

瓦積基壇

金堂・塔基壇の側面は「基壇外装」あるいは「基壇化粧」といわれ、石や瓦で盛土を固定している。上淀廃寺の基壇外装は、縦に半分に割った平瓦を積み上げた基部外周に石列をめぐらす二重構造の瓦積基壇である。こうした瓦積の最下部には地覆《じふく》石《いし》と呼ばれる平石を据えることが多いが、上淀廃寺では省略されている。

金堂にくらべて保存状態の良い塔の瓦積基壇を観察すると、中塔と南塔では瓦積の様相が異なっていることに気づく（**図35**）。瓦積にあたっ

①南塔の基壇外装

②中塔の基壇外装

図35 ● 南・中塔瓦積基壇の比較
向かい合う南・中塔基壇外装。南塔の瓦積が整然としているのに対して、中塔の瓦積は改修の痕跡が顕著だ。

ては、半割りした平瓦の割れ面ではない側面を外側にして煉瓦のように積み上げるのを基本とする。南塔ではこれが整然とおこなわれて、割れ面がみえている瓦が約九パーセントしかないのに対して、中塔では一七・四パーセントに増え、積み方も雑で隙間が多くみられる。さらに南塔ではみられない丸瓦や鴟尾《しび》片、石塊も使われている。こうした雑な積み方は創建当初のものとは思えず、中塔の基壇外装が大規模な改修を受けていることが考えられた。

半地下式と地上式の心礎

発見した伽藍建物を「塔」と推定する決め手となるのが心礎だ。構造としては重要ではないが、天空にそびえる相輪を支えた心柱を受けるシンボリックな存在だ。まず保存状態のよい南塔基壇の構造についてみてみよう（図36）。

多重塔を支える礎石を据えるための基壇は、周辺よりも一段高くなっている。基盤層を浅く掘り込んだ穴に心

図36 ● 南塔瓦積基壇全景
もっとも保存状態が良かった南塔は、一辺9m強の方形基壇。中央には心礎が残り、人が立っているのが北・東側の側柱の推定位置。

礎を据えて、この心礎をおおうように土饅頭状の盛土がなされ、その外側に版築《はんちく》状に水平な盛土が施される。したがって、心礎は半地下式となり、心柱下部も基壇盛土内に埋め込まれる構造であった。推定径六四センチの心柱は残っていなかったが、基壇盛土に接する面を保護するための根巻き瓦と目張りの粘土が残っていた（図33②参照）。

これに対して中塔心礎は地上式の心礎であったと推定される。地下式・半地下式を時期差とする説もあるが、上淀廃寺では併存しており、むしろ前節で述べた三塔の性格の違いに由来するものなのかもしれない。

中門・回廊・築地

こうした寺院の中枢部ともいうべき金堂・塔のエリアは、俗世とは隔絶した仏の世界であり、南側に中門をもつ回廊・塀により区画されている場合が多い。上淀廃寺の伽藍中枢部を囲む施設としては、中門とそれにとりつく南面回廊の基壇石列が一部残っていた（図37）。

東側では、約三メートルの間隔をおいて南北方向に二本の溝が並行して走っており、これを側溝とする築地塀《ついじべい》があったと推定した。一方、西側の築地塀は確認されていないが、東辺築地

図37●中門・回廊基壇
中門南東隅に南面回廊が続く基壇の一部が、東西方向にのびる石列の食い違いとして確認できた。

を中門の位置で折り返すと、現在は大きな段差となっており、このあたりが中心伽藍の西側境界と考えられる。

さらに北側は大きな段差の壁が区画となり、これらで囲まれる一辺約五〇メートル前後の半町四方が上淀廃寺の中心伽藍であったと推定される。このように南面のみは回廊を設けて正面観を強く意識しながらも、区画施設としては簡略化されている印象がある。

また、北から南にむかって傾斜する寺院地において、当初、伽藍中心部は緩やかな傾斜をもつ平坦地と推定していたが、金堂基壇の前面に石階段が数段分残っていた（図29・31参照）。斜面地に立地する上淀廃寺では、中心伽藍も二段に造成されており、中門をくぐって塔・金堂に至るには低い段差を登らなければいけなかった。史跡の整備では金堂前面に幅四・八メートル（一六尺）、五段の石段を再現している。

講堂

残る主要な建物は僧尼が経典の講義や説教といった活動をおこなう講堂であるが、当初想定された塔・金堂の後方では確認できなかった。そこで、丘陵斜面に立地し、地形の制約から講堂が金堂の南西部におかれた夏見廃寺や出雲国山代郷北新造院《やましろごうきたしんぞういん》（来美《くるみ》廃寺）などを参考に、金堂前方西側の空間を調査したが、可能性がある礎石を一カ所確認したのみで、講堂と判断できる遺構は確認できなかった。講堂の基壇は塔・金堂よりも低く、簡素なものである場合が多いのだが、回廊・築地で囲まれる中心伽藍の外におかれたのかもしれない。

4　寺院地をさぐる

寺院付属建物

こうした伽藍中枢部の周囲には、僧尼が住む僧房や寺院の運営にかかる諸施設があったはずだ。前述した多度神宮寺の資財帳などをみると、寺院には僧房・湯屋・厨《くりや》・竈《かまど》屋・稲屋・碓《うす》屋・木屋のほか、寺院の経営にかかわる事務をおこなう政所屋などの付属建物があったと考えられる。

上淀廃寺の中心伽藍周辺の限られた調査範囲のなかでも、掘立柱建物などが確認されている。上淀廃寺以前のものと考えられる遺構もあり、これら掘立柱建物の性格を特定するのは困難であるが、中心伽藍の塔・金堂などと同じく主軸を南北あるいは東西にとる掘立柱建物を寺院付属施設の候補と考えた。それらは中心伽藍の北側、一段高い平坦地に集中している。

北塔（第三心礎）の後方の丘陵上には、東西三間、南北三間（四・九五×四・二メートル）のほぼ正方形で、床を支える柱のある掘立柱建物がみつかった。

図38 ● 付属建物（鐘楼あるいは経蔵）
北塔（第3心礎）の北側、一段高い位置で確認された掘立柱建物。内部は床が張られていたと考えられ、鐘楼あるいは経蔵と推定される。

規模・構造と位置などから経蔵（宝蔵）あるいは鐘楼（鼓楼）といった、小規模であっても重要な建物と推定している（図38）。

また同じ平坦面の東側には、東・西・南の三面に庇がつく建物で、身舎の東西四間、南北三間（八・九六×五・五四メートル）の掘立柱建物がある。この建物は食堂院あるいは政所院・大衆院といった寺院付属施設と考えられてきたが、柱間がふぞろいで、大きな円形掘方の底に礎板石をおくなど、後背丘陵上にある先行建物と共通する点が多い。

この建物が立つ平坦地は、七世紀前葉にはすでに造成されていたことがわかっており、先行する豪族居館の施設であったものが、上淀廃寺創建にあたって俗的な運営施設などとして転用された可能性がある。これまでの調査ではほかに僧房と判断できる建物が確認されていないが、これだけの寺院で僧尼がいないとは考えられない。庇付建物に隣接して掘立柱建物もあり、この辺りが僧尼たちが居住していた僧院だったのではないだろうか。

また、中心伽藍から離れた西方の丘陵端近くで三間×二間（六・〇×四・六メートル）の総柱礎石建物が確認されている（図39）。この建物周辺からは「寺」字が刻書された七世紀の須恵

図39 ● 付属建物（倉庫）
寺院地西端で発見された総柱礎石建物。中心伽藍から離れていることから、穀物などを納めた倉ではないだろうか。

器が四点出土しており、上淀廃寺創建期の建物と考えられる（図4参照）。推定古代山陰道にも近い寺域西端に位置することから、より世俗的な施設として、穀物や日常生活品を収納する倉庫ではないかと推定される。

寺院地の広がり

こうした付属施設も含む寺院地は、どのような広がりをもっていたのだろうか（図40）。北側と西側については溝がみつかっているので、ここが寺院地の境界とわかる。東側は丘陵先端部を削平して区画としている。

問題は寺院の正面となる南側であるが、二つの丘陵尾根にはさまれた谷底にあたり、現在は柳谷川が流れていることもあって、南門を含む南

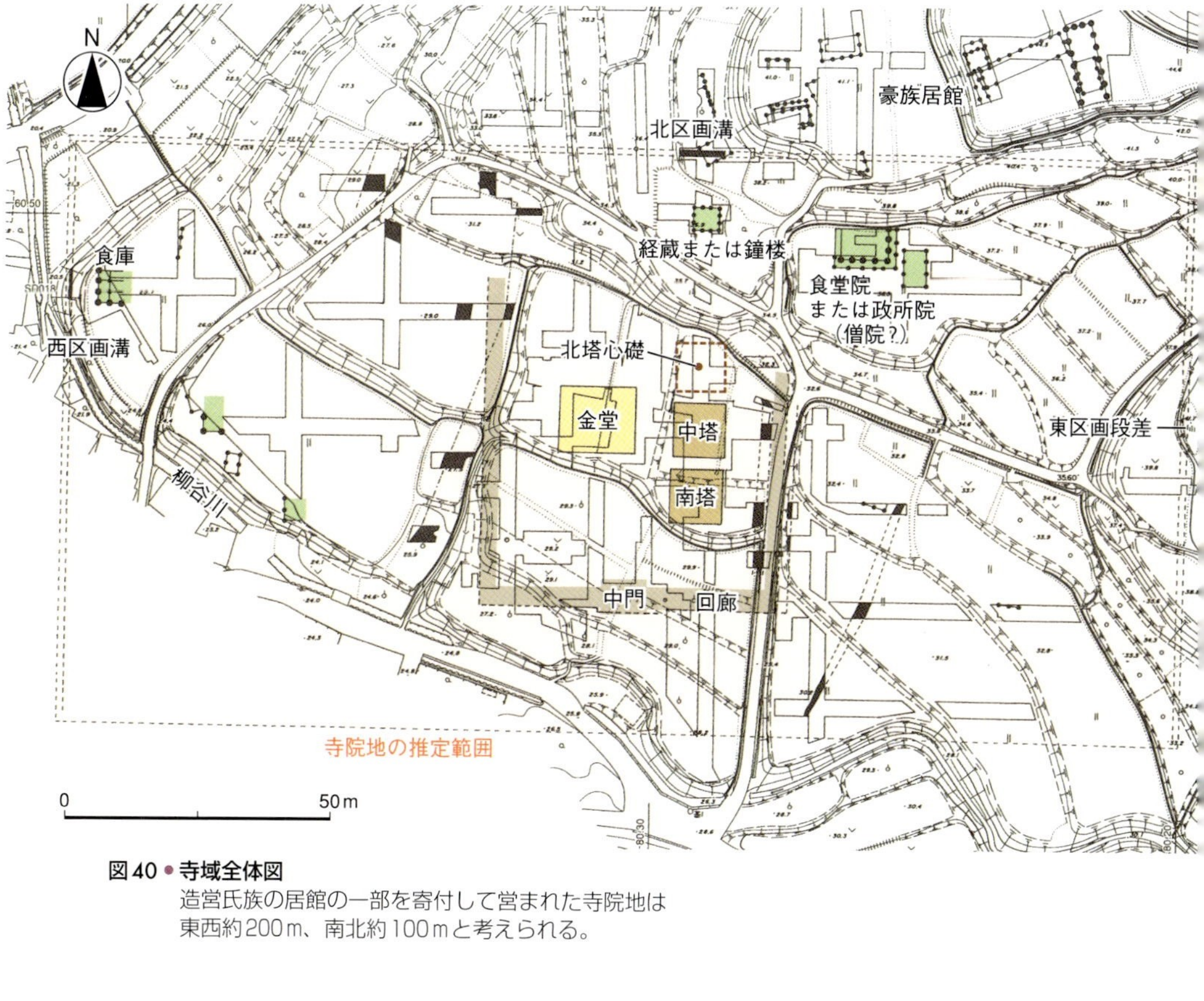

図40 ● 寺域全体図
造営氏族の居館の一部を寄付して営まれた寺院地は東西約200m、南北約100mと考えられる。

側の区画施設は確認できていない。当時も河川が実質的な寺院地南限となっていたことも考えられる。

なお、南面回廊前面に礫が敷かれていたことが報告されているが、平坦な石を敷きならべたものではなく、ふぞろいな小礫であることからバラス敷きに近いものである。現在も河川が流れている谷筋であることから、泥濘対策としての地盤改良がおこなわれたものではないかと推定される。また、南側は前面に丘陵が迫っていて開放的でないことからすると、実質的な正面は官道が通る西側であった可能性もある。

このように南側の区画施設は確認できていないものの、寺院地はおおむね東西二町（約二一二メートル）、南北一町（約一〇六メートル）程度であったと考えられる。

これを山陰地方の古代寺院と比較すると、斎尾廃寺が東西約一三〇メートル、南北約二二〇メートルで、大御堂廃寺が東西約一三五メートル、南北二〇〇～二二〇メートルと推定されていることから、寺院地の広がりが南北か東西方向かの違いはあっても、長方形であること、その規模が近いことから、上淀廃寺も汗入郡の中心寺院としてふさわしい寺院地を有していたことがわかる。

このように塔・金堂などの中心伽藍のみでなく、寺院地内の諸施設や構造などが推定できる古代寺院は少なく、上淀廃寺は地方古代寺院の全体像を知ることができる貴重な事例なのである。

第4章　出土瓦が語るもの

1　上淀廃寺はいつ建てられたのか

上淀廃寺式軒丸瓦

長らく日本家屋の屋根を守ってきた瓦は、仏教寺院の建築とともに日本に伝えられた。上淀廃寺でもおびただしい量の瓦が出土しており、塔・金堂などの中心伽藍は総瓦葺きであったことがわかっている。さらに塔・金堂の建物基礎となる基壇外装も瓦積であった。

こうした膨大な量の瓦は、軒先を飾る軒瓦の文様の違い、瓦当《がとう》の文様を型押しする「笵型《はんがた》」にできた笵傷《はんきず》の進行などを調べることによって、使用された堂塔や建立時期、葺き替えをともなう改修などの変遷を明らかにすることができる。そして軒丸瓦《のきまるがわら》の文様は、それぞれの寺院の由来や他の寺院との関係などを物語ることも多い。

上淀廃寺からは四型式八類の軒丸瓦と五型式六類の軒平瓦《のきひらがわら》が出土している。その文様はなかなか個性的だ。とくに上淀廃寺の創建瓦と考えられる単弁《たんべん》一二弁蓮華文《れんげもん》軒丸瓦（Ⅰ類）は「上淀廃寺式」と呼ばれている地域色の強い瓦である（図41左）。

この独特な瓦については、昭和初期に関野貞《ただし》により「他に類例なき奇異なる意匠」として山陰地方に独特の軒丸瓦との認識がなされており、江谷寛《ひろし》はこれを「上淀廃寺式軒丸瓦」と名づけている。また、その文様の祖型を朝鮮半島の新羅に求める考え方が、梵鐘の文様との比較から近藤正により指摘されている。

上淀廃寺式軒丸瓦の特徴

この上淀廃寺式軒丸瓦について、発掘調査を契機にふたたび検討をおこなった。特徴は、①花弁は細長い舟形を呈する単弁蓮華文で、弁の中央部付近が丸く隆起し、中央に一本の稜線が通る。②外区《がいく》には圏線《けんせん》をめぐらし、圏線上には珠文《しゅもん》を配する。③中房《ちゅうぼう》は突出せず、周縁に圏線をめぐらす、という三点である。

この特徴を備えた上淀廃寺Ⅰ類の瓦は、第五次調査段階での集計では、軒丸瓦全体の約六七パーセントを占め、そのうちの九〇パーセント以上をさらに細かく分類したⅠa類が占めており、これが創建時の瓦と考えられる。それ以外のⅠ類は文様を型押しする笵型に手が加わり、丸瓦との接合方法もつぎの段階のⅡ類と類似するもので、創建から時を経た補修時に古い笵型を再利用したものである。

ところが、この軒丸瓦Ⅰ類と組み合わせる軒平瓦が明らかでない。凸面の段に櫛描波状文《くしがきはじょうもん》をもつ重弧文《じゅうこもん》軒平瓦がふさわしいが、圧倒的に数が足りない。そこで瓦当文様はみられないが、凸面に重弧文軒平瓦の段部と同じ櫛描波状文を施している平瓦を瓦当文様のない軒平瓦と考えた（**図41右**）。すると、これが軒平瓦全体の七六パーセントを占めることになり、上淀廃寺式軒丸瓦とこの軒平瓦の組み合わせが創建時に葺かれた軒瓦と考えられる。当時、堂塔の傍らに立って軒先を見上げると、この波状文が目に入ったことだろう。

「癸未年」紀年銘瓦の発見

この上淀廃寺式軒丸瓦はいつごろの瓦なのだろうか。この個性的な文様は、七三三年（天平五）に国に提出された『出雲国風土記』に登場する「教昊寺」と考えられている野方《のかた》廃寺（島根県安来市）とも共通していることから、少なくとも風土記が書かれた奈良時代前期以前の瓦であることがわかる。こうした点と瓦そのものの特徴から、上淀廃寺の創建時期は、八世紀初頭と考えられていた。

さらに、幸いなことに出土した大量の瓦のなかから干支

図41●**上淀廃寺式軒丸瓦**（左）**と素文軒平瓦**（右）
創建瓦の組み合わせ。軒丸瓦の文様は細長い蓮弁の中に串団子状の子葉が表現され、畿内や他地域に起源を求められない個性的な軒丸瓦だ。

年が刻まれている紀年銘瓦がみつかった。その丸瓦はいくつかに割れており、最初に発見した破片には「未年」と書かれていた。一二年に一度めぐってくる未年では年代を絞り込むことは難しい。そこで大量の破片を再捜索したところ、接合する破片がみつかり、そこには「癸」の異体字が刻まれていた。「癸《みずのと》未《ひつじ》年」だ（図42）。

十干十二支による干支年は六〇年に一度しかまわってこない。先の年代観に照らすと、上淀廃寺創建期にあてはまりそうな癸未年としては、六二三年（推古三一）、六八三年（天武一二）、七四三年（天平一五）が候補となる。このうち七世紀前半にさかのぼる六二三年は地方寺院の創建年代としては考えにくい。一方、八世紀半ばの七四三年であれば、年を表記するのに干支ではなく「天平」の年号が用いられる可能性が高い。以上のことから、六八三年がもっとも妥当と考えられる。

平安時代末期の歴史書である『扶桑略記《ふそうりゃくき》』によると、六九二年（持統六）には、天下の諸寺が五四五寺であったとされ、仏教伝播後はきわめて短期間に多くの寺院が建立されている。遠く飛鳥の地で東西二塔を備えた本薬師寺（六八〇年創建）の造営がはじまった七世紀末ごろ、

図42 ● 「癸未年」紀年銘瓦
軒瓦の型式学的研究にもとづく創建時期の推定は、干支年を記した一級資料の出土により7世紀後半にさかのぼった。

ここ伯耆国でも上淀廃寺建立の槌音が響いていたのである。

同笵瓦をもつ高田原廃寺

上淀廃寺のある汗入郡には、上淀廃寺式軒丸瓦が出土する寺院がもうひとつある。上淀廃寺の東約五キロの高田原《たかだばら》廃寺（大山町《だいせん》）である。一九七二年におこなわれた発掘調査によって、一辺八・四メートルの小規模な乱石積基壇《らんせきづみ》が確認されている。

出土した軒丸瓦は上淀廃寺軒丸瓦Ⅰ類と同じ笵型でつくられた同笵瓦《どうはん》である。寺院としての全体像は不明であるが、立地や規模、瓦の様相からは単独ないし少数の堂からなる小規模な寺院であった可能性が高い。

では、上淀廃寺と高田原廃寺はどのような関係だったのだろうか。高田原廃寺の周辺には切石造《きりいしづくり》横穴式石室をもつ高田二六号墳など約三〇基からなる古墳群はみられるが、いずれも規模が小さく、単独で寺院を建立する経済力をもつほどの有力豪族の墓とは考えられない。しかも、現在でこそ大山山麓の農地開拓が進んでいるが、当時の高田原廃寺周辺は未開拓地の多い山間部であったと推定される。

どうやら、同じ汗入郡内において平野部周辺に造営された七堂伽藍を備えた寺院と、人里からはやや離れた山間部周辺に位置する小規模な寺院の組み合わせがみえてきた。軒丸瓦の同笵関係からは、両寺院には深い関係があったと認められ、俗世界とかかわりの深い里の寺と、それと隔絶した修行本位の山の寺という異なる性格をもつ一組の寺院ではないかと考えられる。

高田原廃寺は、上淀廃寺の僧が檀越や大衆の求めに応じて執りおこなう法会・祈願のための強い法力を得るため、山林修行をおこなうための寺だったのではないだろうか。

2 周辺寺院・国分寺とのつながり

上淀廃寺式軒丸瓦の広がり

つぎに伯耆国汗入郡を離れて、上淀廃寺式軒丸瓦に類似する軒瓦の分布と広がりをみてみよう。その分布は、出雲国の教昊寺と山代郷北新造院（来美廃寺）、小野・稲城遺跡、隠岐国の国分寺・国分尼寺の山陰地方中央部の三カ国七寺院で確認されている（**図43**）。

これらは古代瓦の研究者である妹尾周三によって六種一二類に分類され、その初現と展開・変遷がまとめられ、それらの寺院の創建に用いられたことがわかっている。上淀廃寺あるいは高田原廃寺から教昊寺、そして小野・稲城遺跡、隠岐国分寺へと、造営者の求めに応じて瓦笵や瓦工が移動したのだろうか。

このうち、隠岐国分寺・国分尼寺の上淀廃寺式軒丸瓦をみてみよう（**図43上**）。隠岐国分寺跡で上淀廃寺式軒丸瓦が出土することは早くから知られ、江谷寛も「上淀廃寺のデザインを模したもの」と述べている。隠岐国分尼寺跡の瓦は上淀廃寺Ⅰ類に類似点が多く、文様および製作技法からは上淀廃寺式のもっとも新しい段階に位置づけられる。また、瓦の裏面に認められる布目圧痕は上淀廃寺Ⅱ類とも共通しており、隠岐国分二寺の造営には、上淀廃寺の瓦工房がかかわっていると思われる。

　八世紀中ごろ以降、上淀廃寺では後に述べる補修瓦としてのII類が主流となっており、このII類瓦が伯耆国分寺の創建にも用いられている。一方、隣国である隠岐国に対しては、すでに使われなくなったI類の瓦范あるいは意匠を提供して協力したのかもしれない。

　妹尾は『出雲国風土記』に記載されている出雲国府から千酌駅家《ちくみのうまや》・津を経由して隠岐島後の国府津を経て隠岐国府に至る公式な交通路（駅路）とは別に、淀江津と隠岐国府津の間にも人び

図43 ● 上淀廃寺系軒丸瓦の分布
西伯耆・出雲・隠岐の3カ国で出土している。上の写真は隠岐国分尼寺で出土した上淀廃寺系軒丸瓦。上淀廃寺の瓦工房が海を隔てた隠岐国に協力したのには、どんな背景があったのだろうか。

とや物資を運ぶ航路が設けられていた可能性を指摘している。それは律令国家における中央と地方という一元的な枠組みを越えた、地域間の交流を物語るものとして注目される。

もうひとつの軒丸瓦

倉光清六は戦前から、上淀廃寺には軒丸瓦が二種類あり、そのひとつが伯耆国分寺出土瓦と類似することを指摘していた。単弁八弁蓮華文軒丸瓦（Ⅱ類、**図44右**）だ。文様の特徴は、中房・蓮子、外区の珠文をともなう圏線などはⅠ類の系譜に連なる広い意味での上淀廃寺系の軒丸瓦であり、丸瓦との接合などの製作手法から、やや時代の降るものと考えられる。

このⅡ類にともなう軒平瓦は特定できないが、後期難波宮（大阪府、八世紀前半）に特徴的な重郭文《じゅうかくもん》軒平瓦がごく少数出土している。なお、重郭文軒平瓦の顎面《がくめん》にはベンガラとみられる赤色顔料が付着しており、伽藍建物が赤く塗られていたことを示している。

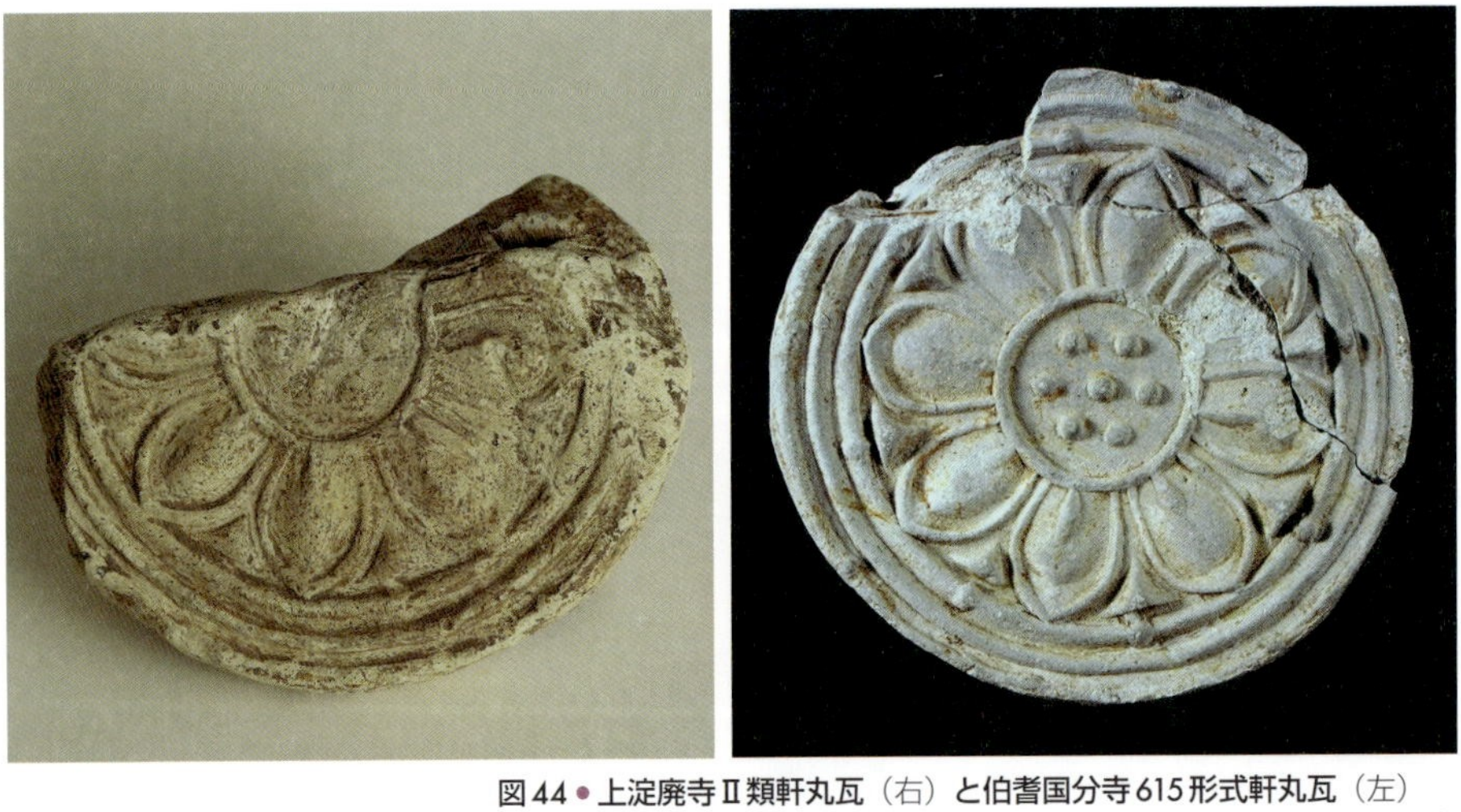

図44 ● 上淀廃寺Ⅱ類軒丸瓦（右）**と伯耆国分寺615形式軒丸瓦**（左）
大規模な改修時に用いられた軒丸瓦Ⅱ類。同笵瓦が出土した伯耆国分寺では、上淀廃寺にはなかった笵傷の進行が認められる。

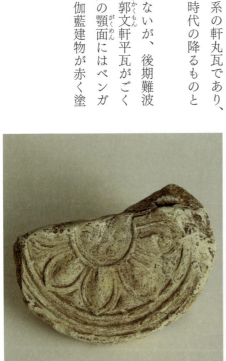

伯耆国分寺と上淀廃寺

上淀廃寺Ⅱ類に類似する伯耆国分寺出土の軒丸瓦は、同寺の創建瓦のひとつである六一五型式である（**図44左**）。両者を詳細に観察すると、笵傷まで一致することから、同じ瓦笵を用いて製作されていることがわかる。しかも上淀廃寺Ⅱ類のなかでも笵傷の進行が進んだ段階の瓦なのである。

こうした国分寺所用瓦の一部が伯耆国内の古代寺院と共通するのは上淀廃寺以外にもみられる現象である。六一五型式は国分寺瓦の二パーセントにすぎないことから、主体となるものではないが、国分寺の造営に際して、上淀廃寺の造営氏族がみずからの工房で製作した瓦を提供したものと考えられる。

七四七年（天平一九）一一月、聖武天皇は、国分寺・国分尼寺造営の遅れに関して国司などの怠緩を指摘し、郡司などの関与を求める勅《ちょく》を出している。これに従って功績のある者には子孫にいたるまで郡領に任ずるとされており、おそらくはこうした状勢の下、上淀廃寺を建立した汗入郡の郡領クラスの有力氏族らが国分寺造営に協力したものであろう。有力地方豪族の協力なくしては国の華・国分寺も完成できなかったのである。

上淀廃寺の補修

上淀廃寺軒丸瓦Ⅱ類の年代は、やはり伯耆国分寺との関係から推測することができる。

七四一年（天平一三）の国分寺造営の詔以降に造営が開始されたと考えられる伯耆国分寺は、

七五六年（天平勝宝八）に、伯耆国を含む二六国で法要の装飾にあてさせるために頒ち下された仏具類が金光明寺（国分寺）に寺物として納められていることから、七五〇年代にはほぼ造営工事を終えていたと考えられる。これにより、伯耆国分寺六一五型式は八世紀中ごろ、それより一段階古い上淀廃寺軒丸瓦Ⅱ類は八世紀第2四半期と位置づけることができる。

創建に用いられた軒丸瓦Ⅰ類に対して、Ⅱ類は出土した軒丸瓦全体の三二パーセントを占めている。それぞれの堂塔ごとにⅠ類とⅡ類の出土比率を比較してみると、南塔・中門と回廊・東辺築地ではⅠ類が多く、Ⅱ類が一四〜一九パーセントしかないのに対して、金堂では三四パーセントとなり、中塔では四八パーセントとなっている（図45）。

Ⅱ類の八世紀第2四半期という年代は、創建期とした七世紀第4四半期と近く、古代寺院の造営には相当な年月を要したと考えられることから、創建期の年代幅のなかで考えられなくもない。しかしながら、Ⅱ類の出土比

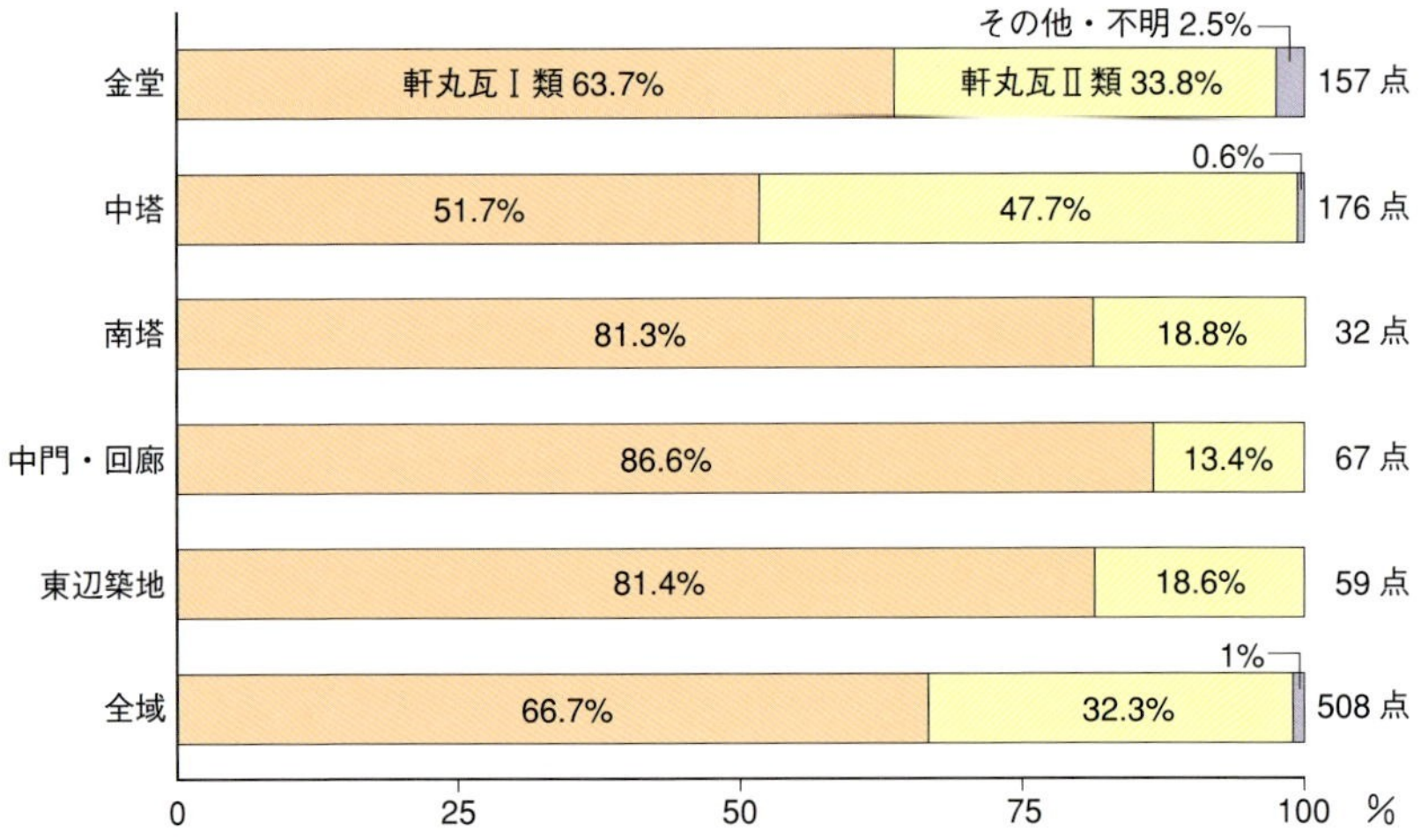

図45 ● 堂塔ごとの瓦出土比率
創建瓦である軒丸瓦Ⅰ類に対して、補修瓦Ⅱ類の占める比率は堂塔ごとに異なっている。金堂・中塔では大規模な改修がおこなわれたようだ。

率が高い中塔が基壇外装を改修していることから、単弁八弁蓮華文軒丸瓦（Ⅱ類）は伽藍の補修に用いられた瓦と考えられ、金堂・中塔では八世紀半ばに大規模な修理がおこなわれたことを示している。一方、南塔を含む瓦葺の施設では、創建後あまり大きな改修はなされていないとみられるのである。

上淀廃寺の瓦はどこで製造したのか

上淀廃寺で用いられた大量の瓦類はどこで製作されたのだろうか。上淀廃寺から一キロ南西の小枝山には瓦窯跡があり、上淀廃寺の瓦を焼いたとされていた。この小枝山瓦窯跡で一九九九年におこなわれた試掘調査で、窯体の一部が確認された。軒瓦などの直接的な証拠は得られていないが、胎土分析では軒丸瓦Ⅱ類に近い結果が出ている。

また、上淀廃寺のある丘陵斜面から少し谷をさかのぼった場所で鴟尾片が採集されていることから、創建時の瓦類は伽藍建設現場のごく近くで焼かれたと考えられ、小枝山瓦窯跡は補修時の瓦を焼いた瓦窯と思われる。

図46 ● 下市築地ノ峯東通第２遺跡の瓦陶兼業窯
平安時代に降ると、寺院のための瓦窯でなく、遠く離れた須恵器窯に補修瓦を発注したのだろうか。

さらに上淀廃寺から約一二キロ東方の下市築地ノ峯東通第二遺跡(大山町)では、九世紀後半に操業していた瓦陶兼業窯二基が発掘調査され、須恵器とともに平瓦・丸瓦が焼かれていた(図46)。この平瓦は上淀廃寺のなかでも新段階のものと類似しており、九世紀後半における補修瓦を供給した窯と推定される。軒瓦の変遷からは八世紀中ごろの大修理以後、本格的な修理はおこなわれなかったと考えられる上淀廃寺だが、衰退しながらも存続のための努力がなされていたことがうかがえる。

3 山陰型鴟尾

上淀廃寺の鴟尾

もっとも多く用いられる丸瓦・平瓦以外にも、「道具瓦」と呼ばれるさまざまな瓦がある。つぎに軒丸瓦とともに特徴的な道具瓦の鴟尾をみてみよう。鴟尾は古代寺院の金堂などの瓦葺き屋根の大棟両端につけられた飾り瓦であり、寺院建築のシンボルともいえる。上淀廃寺から出土した鴟尾片(図47上)は縦帯《じゅうたい》・鰭部《ひれ》を突帯《とったい》で表現し、縦帯の前方に鱗《うろこ》状の文様を沈線であらわしている。こうした特徴のある鴟尾は山陰地方に広く分布して主流となっていることから「山陰系鴟尾」あるいは「山陰型鴟尾」と呼ばれている。

この山陰型鴟尾を再現してみよう。完全な形に復元できる山陰型鴟尾はないが、玉鉾等ケ坪《たまほことうがつぼ》廃寺(鳥取市)と山代郷北新造院(来美廃寺)で上淀廃寺と同じ山陰型鴟尾の復元が試みられており、玉鉾等ヶ坪廃寺の例でみると高さが一四〇センチにもなる立派な鴟尾である（図47下）。

上淀廃寺には突帯の形状や器壁の厚さなどから、三種類の鴟尾があったことがわかるが、軒瓦のような形態や文様の変化はほとんどなかったものと思われる。その出土位置も鴟尾が用いられていたと考えられる金堂をはじめとする中心伽藍のみならず、寺院地全体から点々と出土しているのが注目される。

図47 ● 山陰型鴟尾片（上）と復元（下）
上淀廃寺では、大小3種類の山陰型鴟尾片が寺院地の各所から出土している。金堂をはじめ、いくつかの建物の大棟を飾っていたようだ。因幡・玉鉾等ヶ坪廃寺の鴟尾が高さ140cmの堂々たる姿に復元されている。

大きさもずいぶん異なっており、小型の鴟尾は金堂以外の建物、たとえば門などに用いられていたと思われる。さらに、鴟尾を用いるはずのない塔や東辺築地側溝からも鴟尾片が出土している。中塔の瓦積基壇外装には平瓦のなかに鴟尾片が混じっているのが確認でき、基壇の補修時には古い鴟尾の破片までが再利用されたようだ（図48）

山陰型鴟尾の広がり

現在までに山陰地方の但馬・因幡・伯耆・出雲の四カ国、一七遺跡から出土している（図49）。石見・隠岐国からは出土していない。その内訳は、寺院（関連）一二カ所、官衙遺跡三カ所、窯跡二カ所である。ちなみに寺院（関連）遺跡に限れば、鴟尾の出土が確認できる山陰地方の寺院遺跡が全部で一五カ所（石製鴟尾含む）であることから、じつにその七割を山陰型鴟尾が占めていることになる。

古代寺院の調査が比較的進んでいる因幡・伯耆国でみると、山陰型鴟尾は、因幡国七郡のうち古代寺院跡が知られていない二郡を除く八上・巨濃・法美・高草・気多郡で出土し、伯耆五郡では久米・河村・汗入郡で出土している。

図48 ● 中塔基壇外装に使われた鴟尾片
中塔基壇の瓦積には平瓦に混じって鴟尾片も使われている。金堂改修時に屋根から降ろされた鴟尾片が転用されたものだろう。

このように山陰型鴟尾は、上淀廃寺式軒丸瓦以上の広がりと古代寺院における高い普及率を示しているのである。ただし、上淀廃寺式軒丸瓦が出土する隠岐を含め国分寺・国分尼寺跡では確認されていない。瓦製鴟尾は奈良時代の国分二寺の造営には用いられなかったようだ。

山陰型鴟尾の製作地

山陰型鴟尾は須恵器製作の技術により還元炎《かんげんえん》焼成されたものである。生産遺跡としては、古代出雲国における代表的な須恵器生産地である大井窯跡群（松江市）のなかの山津窯跡の調査で、灰原《はいばら》などから山陰型鴟尾が出土している。須恵器と共通する平行・円弧タタキによる成形技法、還元炎焼成の特徴からも、山陰型鴟尾の製作には須恵器工人が深く関与して、大井窯跡群などの窯で生産されたものと考えられる。

上淀廃寺式軒丸瓦も須恵器質の還元炎焼成されたものが多く、こうした瓦・鴟尾は創建時の寺院近傍で焼かれる以外に、補修時には既存の須恵器生産地でも生産され、

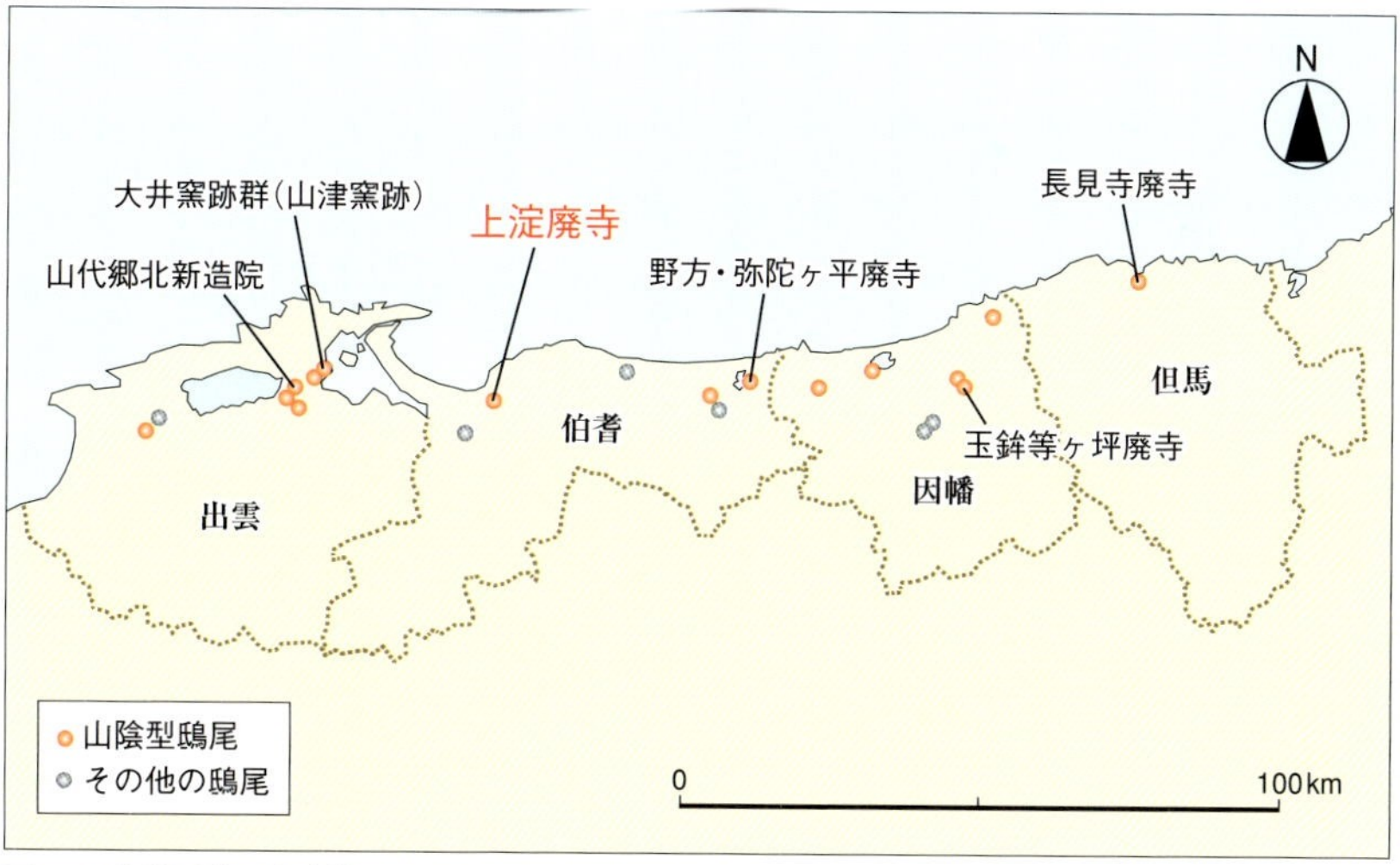

図49 ● 山陰型鴟尾出土地の分布
山陰型鴟尾の分布は、但馬・因幡・伯耆・出雲の４国にまたがり、
山陰地方の古代寺院において圧倒的なシェアを占めている。

山陰地方の広範な範囲に供給されたものであろう。

山陰型鴟尾の系譜

こうした山陰型鴟尾を調査した久保穰二朗（考古学）は、野方・弥陀ヶ平廃寺（鳥取県湯梨浜）で出土している縦帯が沈線で、鰭部は段で表現するものを祖型と考え、七世紀第3四半期までさかのぼるとしている。

続く七世紀第4四半期の上淀廃寺段階で山陰型鴟尾が完成・普及し、八世紀第2四半期ごろの山津二号窯の時期には生産が終焉したと考えられる。

山陰型鴟尾の類例は国内には認められない。その系譜については、高句麗の平壌府内（あるいは元五里廃寺）出土鴟尾との類似を指摘する説と、胴部無文で縦帯と鰭部の段を突帯で表現する新羅・高仙寺との関係を指摘する説がある。百済に直接の系譜をたどることができる日本の鴟尾のなかでも、山陰型鴟尾が高句麗や新羅の鴟尾の影響を受けて、地域色ある意匠を成立させた可能性は捨てきれない。

以上の上淀廃寺式軒丸瓦や山陰型鴟尾の広がりからは、爆発的ともいえる白鳳期の全国的な寺院の建立にあたって地方に伝播した寺院造営技術などの一部が、因幡・伯耆・出雲国でいち早く地方色として顕在化し、定着していく過程をみることができる。

これらは、律令国家における地方支配の担い手ともなった郡司たちの寺院造営の檀越としての姿をさぐる重要な手がかりともなるのである。

第５章　造営者をさぐる

1　金堂内荘厳の再現

当初像と細密な壁画

ここまでみてきた壁画と塑像、そして伽藍と瓦の様相から、上淀廃寺伽藍の変遷と堂内荘厳の復元を試みることにしよう。

造営者が立てた伽藍建設計画にもとづき、まず本尊をまつる金堂が建立された。創建瓦と考えられる上淀廃寺式軒丸瓦Ⅰ類の年代観や癸未年銘瓦から、六八三年前後の七世紀第４四半世紀には建立に着手したと考えられ、金堂北側から出土している壁画Ⅰ類や半丈六級如来像と推定される塑像Ⅰ類の螺髪がこの段階のものと推定される。

金堂に続いて、あるいは並行して塔の造営にも着手し、回廊あるいは塀により囲まれた中心伽藍は八世紀前半には完成したと考えられる。金堂あるいは塔周辺から出土している塑像Ⅳ類の群像がこの時期にあたり、山岳や磯形からなる須弥山を背景とした塔本塑像も制作された。なお、塑像Ⅲ類の三尺級の神将像は八世紀中ごろと考えられ、半丈六級本尊を守護する四天王像であった可能性が高い。金堂内荘厳の完成はこの時期まで降ることも考えられ、寺院造営には長い時間と莫大な造営費を要したことが想像される。

金堂外陣北壁に描かれた壁画は、第2章で述べたように、法隆寺金堂薬師浄土図（**図2参照**）のような大画面に主尊と聖衆が左右対称に配され、双樹や飛天といった背景をもった図様が遠近法によって描かれた浄土図であったと考えられる。さらに法隆寺金堂壁画より細かなモティーフを自由に組み合わせた、装飾的で説話的な場面を描いた壁画であったことも想定される（**図12参照**）。こうした緻密な壁画と小ぶりながら精緻な塑像は、さほど大きくない上淀廃寺の金堂にもおさまりがよい。創建期上淀廃寺と堂内荘厳は、およそ半世紀近い時間をかけて完成したと考えられる。

巨大な丈六三尊像

堂内荘厳も含めた中心伽藍の完成後まもなく、金堂は大きな改修がなされ、屋根瓦の一部が軒丸瓦Ⅰ類からⅡ類に差し替えられる。この瓦当笵は伯耆国分寺の造営にも用いられていることから、時期的には八世紀中ごろのことであったとわかる。

当然、堂内荘厳にも大きな変化がみられ、創建期の半丈六級の旧本尊は、塑像Ⅱ類の新本尊、丈六級三尊像に交替したと考えられる。この時、金堂壁画も東・西側は「頭光」、「蓮台」、「花卉」などのモティーフからなる壁画Ⅱ類に変化している（**図16参照**）。

ただし、壁画を描き換えるのであれば、壁土（表土）や白土を上塗りして描くこともできる。実際、敦煌莫高窟壁画では何層にも壁画が重ね描きされている。東・西側にもともとⅠ類壁画が描かれていたかどうかはわからないが、壁土の違いも指摘されていることから、この時には壁そのものが改修されて、そこに仏身の背後や周囲を荘厳していたモティーフとしてⅡ類の壁画が描かれたと考えられる。

全体として大ぶりな仏像と荘厳に変化しているのだが、上淀廃寺の創建金堂におさめるのはギリギリの規模であったと考えられる。本尊の交代に際して、須弥壇から降ろされた旧本尊や群像はどこに行ったのだろうか。火災にあっていない当初塑像は残りにくい条件はあるとしても、礼拝の対象であった像をむやみに投棄する

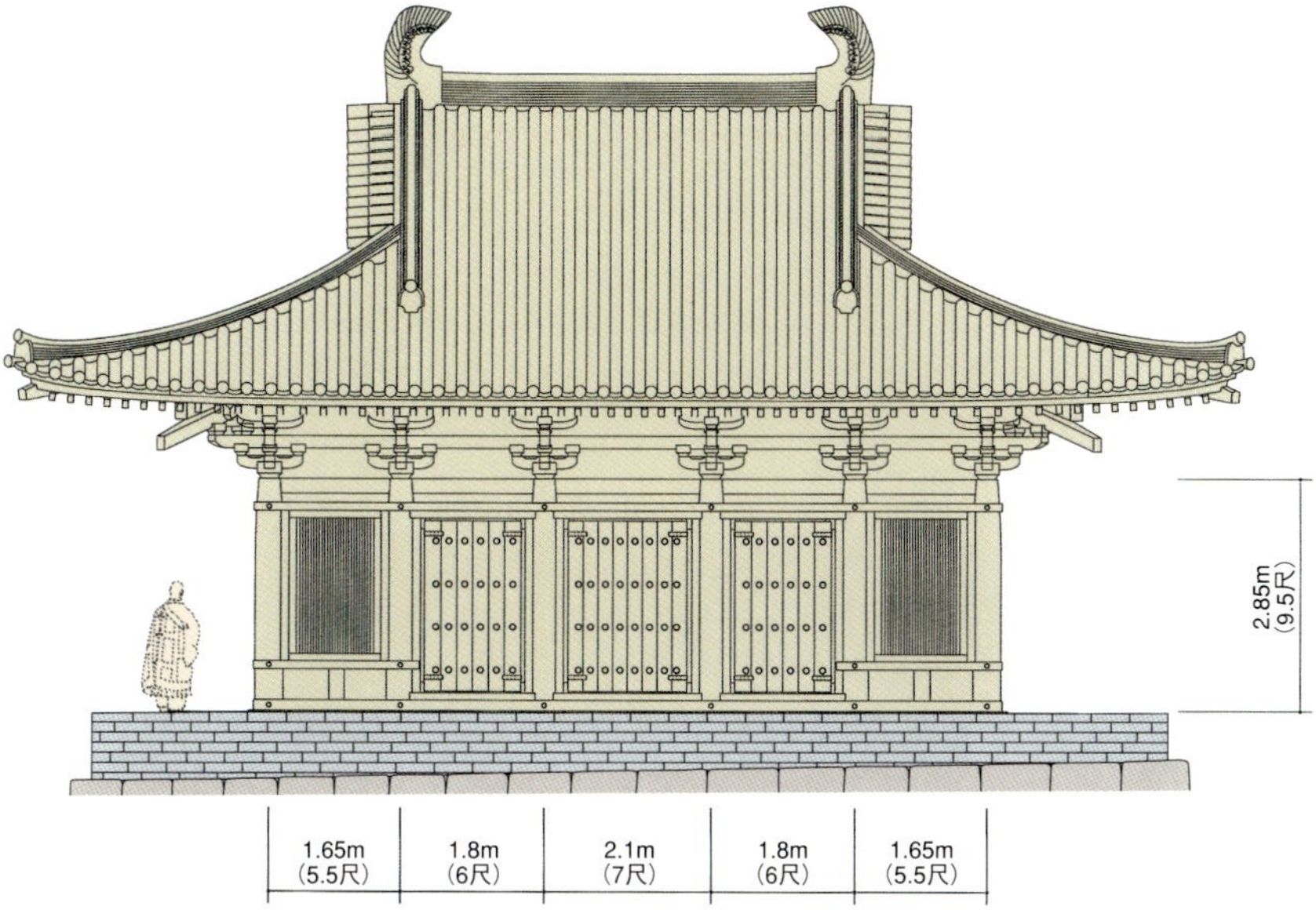

図50 ● 金堂復元図
金堂礎石は位置を保っていなかったので、法隆寺などを参考に推定復元した。丈六級三尊像をおさめるにはギリギリの規模だ。

図51 • 丈六三尊像の復元
金堂安置が確実な塑像Ⅱ類から丈六級如来坐像と一丈級脇侍菩薩立像の本尊が復元され、上淀白鳳の丘展示館内に仏の世界が再現された。

とは考えにくい。一部は新本尊の像内に納められたとも考えられるが、東西外陣の壁画Ⅱ類は仏の姿が描かれない頭光などであり、これらを須弥壇から降ろされた塑像と組み合わせていた可能性も考えられる。

この改修された上淀廃寺の伽藍・堂内荘厳の情報がもっとも多いため、丈六三尊像を内陣須弥壇上に安置し、外陣北壁・東西壁に時期の異なる壁画を配した金堂内部が、上淀白鳳の丘展示館内に再現されている。

壁画の復元にあたっては法隆寺金堂壁画に加えて、敦煌莫高窟の時期の近い壁画や、玉虫厨子などが参考にされた。丈六三尊像は八世紀後半の同時期の作例がなく、如来は唐招提寺金堂の盧舎那仏《るしゃなぶつ》、菩薩については東大寺法華堂の不空羂索観音像などを参考としている。塑像の彩色復元は困難なため、塑土の地色である白みがかったモスグリーンで表現するにとどめている。なお、金堂建築内部については、金堂基壇の遺存状態が悪く礎石配置などの情報もないため、法隆寺金堂などを参考にした三間四面の創建期金堂に、改修の際に丈六三尊像を安置したという想定のもとに再現している（図51）。

2　背後の豪族居館

つぎに上淀廃寺の檀越たる造営氏族について考えてみよう。上淀廃寺の立地で特徴的なのは、東から西へのびる丘陵尾根の南側斜面裾に位置することである。中心伽藍の北側後背地でもっとも見晴らしのよい丘陵尾根部は現状でも三段の平坦地となっており、水田・畑として利用されていた。

当初は、こうした農地利用のために尾根が削平されて平坦地が造成されたものと考えていたが、平坦地を造成した盛土中より出土した須恵器からは、六世紀後半代にはすでに造成がなされていたことが明らかとなった。

豪族居館

この見晴らしのよい丘陵上には、主軸を東西・南北の方位に揃える寺院関連建物とは異なる掘立柱建物が多数確認された。そのなかには繰り返し踏襲して建て替えているものもある。出土遺物からみると、これらは六世紀〜平安時代まで営まれており、有力な豪族の居宅あるいは役所的な性格をもつ施設と推定される。とくに大規模な建物が最上段の丘陵最高所に位置していることから、象徴的な建物として、遠方からも望むことができ、眼下の眺望をも意識したことがうかがえる（図52）。

入り海ないし潟湖が港湾として利用されていたと想定される淀江平野南部のもっとも奥まっ

図52 ● 背後の豪族居館
上淀廃寺後背の見晴らしのよい丘の上（図40参照）には、造営氏族の居館があった。その敷地の一部を寄付して寺が造営されたと考えられる。

た稲吉《いなよし》集落には、海上交通の守り神である住吉大神を祀る上津守《かみつもり》神社が鎮座している（図53・図3参照）。淀江を拠点として西伯耆に勢力をのばしたであろう首長は、住吉大神を祀り、淀江津を拠点とした海運を掌握して経済的・政治的な基盤としたことが推定される。

上淀廃寺背後の丘陵はそうした淀江津や日本海を眺める高台であり、そこに立地した大型建物は海運を掌握した首長が、その支配力を誇示するモニュメントとしての意味をもっていたとは考えられないだろうか。現在、展望休憩施設として整備された掘立柱建物は、平野から遠望することができる。

このように上淀廃寺後背丘陵の建物群は造営主体であった地方豪族の居館と推定される。実際に上淀廃寺下層からも古墳時代後期の遺物とともに、寺院とは軸を異にする溝と掘立柱建物も確認されている。上淀廃寺は、この地に勢力を培った古代氏族が、みずからの居宅の一部を寄進して氏寺を建立した捨宅《しゃたく》寺院としての性格をもっていたことがわかる。

図53 ● 上津守神社
かつての淀江潟に面した稲吉と高井谷には住吉大神を祀る上・下津守神社が鎮座していた。現在は上津守神社に統合されている。

3 上淀廃寺前史

潟湖周辺の遺跡群

それでは上淀廃寺が造られた淀江の地とは、どのような土地なのだろうか。鳥取県西部、古より信仰の山として知られる大山《だいせん》の北西麓、その裾野の先端が日本海に接するところに位置する淀江平野は、約六〇〇〇年前の縄文時代前期の海進時には大半が入り海であった。これは平野の奥部にある鮒《ふな》ヶ口《がくち》遺跡や富繁渡り上り《とみしげわたあが》遺跡といった、入り海の畔に立地したと考えられる縄文時代前期の遺跡の存在からうかがえる（図3参照）。

その後、海面水位の低下と河川の堆積作用により、砂州で外海と隔てられた潟湖《せきこ》が形成され、約二〇〇〇年前の弥生時代には、現在の平野部に水生植物が繁茂する淡水化が進んだ湖沼が広がっていたものと考えられている。

一九八〇年、淀江平野南西部の角田《すみだ》遺跡から弥生時代の「絵画土器」が発見された（図54）。そこには大型の壺形土器の頸部を一周するように、六重の同心円（太陽か）、舟を漕ぐ頭飾りをつけた人物、長い梯子をともなう高殿、高床倉庫、銅鐸?を吊り下げた樹木、動物が線刻によって描かれている。こうした絵画土器は各地で出土しているが、多数のモティーフが一点の土器にパノラマ風に描かれている例はきわめて稀である。これらは一連のつながりをもつ構図であることから、豊穣を願う春の祭りや収穫を祝う秋の祭りなど、前面に湖沼が広がる淀江平野における弥生のムラの情景を描いたものと考えられている。

上淀廃寺壁画のルーツは弥生時代の絵画土器までさかのぼるのだろうか。

妻木晩田遺跡の出現

この絵画土器に描かれたような弥生時代のムラの姿をよみがらせる遺跡が突如出現した。妻木晩田《むきばんだ》遺跡である。米子市淀江町と大山町にまたがるこの遺跡は、眼前には日本海が広がる標高約九〇から一五〇メートルの丘陵に立地している。

丘陵上に点在する別々の遺跡と考えられていた七つの遺跡が、発掘調査によって、じつはひとつの大きなまとまりをなす弥生時代中期後葉～古墳時代前期の大集落遺跡であることが明らかになったのである。

最盛期を迎える弥生時代後期後葉には、一七〇ヘクタール以上に丘陵上の集落域が広がる大規模な集落へと発展していく。確認されている竪穴建物四五〇棟、掘立柱建物五一〇棟、墳墓三四基などからなる遺構の密度は高く、一般的な居住域に加えて、有力者の居住域、墓域、貯蔵施設などが確認されている。このよう

図54 ● 角田遺跡出土の弥生絵画土器
約2000年前の弥生土器に描かれた淀江潟の情景。
ストーリーを感じさせる絵画土器は上淀廃寺壁画につながっていくのか？

に弥生集落を語るための要素がすべてそろっており、約三〇〇年の間に移り変わっていった集落の全体像を知ることができる点に妻木晩田遺跡の特色がある。

また、発掘調査により多量の土器・石器・金属器が出土しているが、とくに四〇〇点を越える鉄製品が出土していることは注目される。このなかには朝鮮半島製の鉄器も含まれることから、日本海沿岸地域独自の鉄器および製造技術伝播のルートがあったことをうかがわせる。

弥生の「クニ」

この時期は中国の歴史書「魏志倭人伝」に「倭国乱」と記されている列島全体の混乱期にあたり、実際に鳥取市の青谷上寺地遺跡では、殺傷痕が残る多数の人骨が発見されている。それでは、地域

図55 ● 妻木晩田遺跡の洞ノ原西地区遠景
妻木晩田弥生集落の丘から望む淀江平野（潟湖）と日本海の景観。
この地が海を介した交流で繁栄したことを実感させる。

の中核となりうる大規模な集落が稲作などの生産をおこなう平野と隔絶した丘陵上に出現することは何を物語るのだろうか。当時の緊張関係や社会の発達などを背景として、大山北西麓一帯に、「クニ」と呼ばれる地域的なまとまりが形成されていたことを示しているのではないだろうか。

広大な集落の営みは、発掘調査によっても一部しか知ることのできないことが多いが、その全体像を把握することができる妻木晩田遺跡は、弥生集落の姿を可視的に捉えることができる遺跡である。国史跡に指定された妻木晩田遺跡は最盛期の集落の整備がおこなわれている。背景に雄大な日本海と美しい弓ヶ浜半島が広がるなか、魏志倭人伝が書く「山島において国邑をなす」を彷彿とさせる集落景観が再現され、鳥取県立むきばんだ史跡公園として、広く市民に親しまれている（図55）。

4　最後の前方後円墳

こうした妻木晩田遺跡では、弥生時代の終焉とともに、集落の規模は急激に縮小し、丘陵上からは人びとの姿が消える。彼らは農業生産の容易な平野部に降りていったと考えられる。やがて平野を囲む丘陵上には、おびただしい数の古墳が造営されるようになり、後に、淀江平野を中心として大山北西麓地域を支配したであろう古代氏族の首長墓で構成される国史跡・向山古墳群が出現する。

向山古墳群と石馬

ここで注意したいのは、淀江平野における首長墓の系譜である。これだけ古墳が集中する地域でありながら、古墳時代前半の顕著な古墳（前方後円墳）がみられない。一方、約一〇キロ離れた日野川左岸の会見《あいみ》平野においては、この時期の三角縁神獣鏡が出土した普段寺《ふだんじ》古墳群や西伯耆最大の前方後円墳である殿山《とのやま》古墳（一一〇メートル）が築造されている。西伯耆地域の政治的主導権を、畿内のヤマト王権と結びついた会見平野の首長が掌握していたことを示しているものと考えられる。

この時期の淀江平野の首長の動向については明らかでないが、やがて五世紀後半から六世紀になると、ふたたびめざましい復権を果たすようである。向山古墳群では、全長六〇メートル前後の前方後円墳がつぎつぎと築造される（**図56**）。岩屋古墳（向山一号墳、前方後円墳：五二メートル）は、各壁を一枚石の切石で構成する巨大な複室構

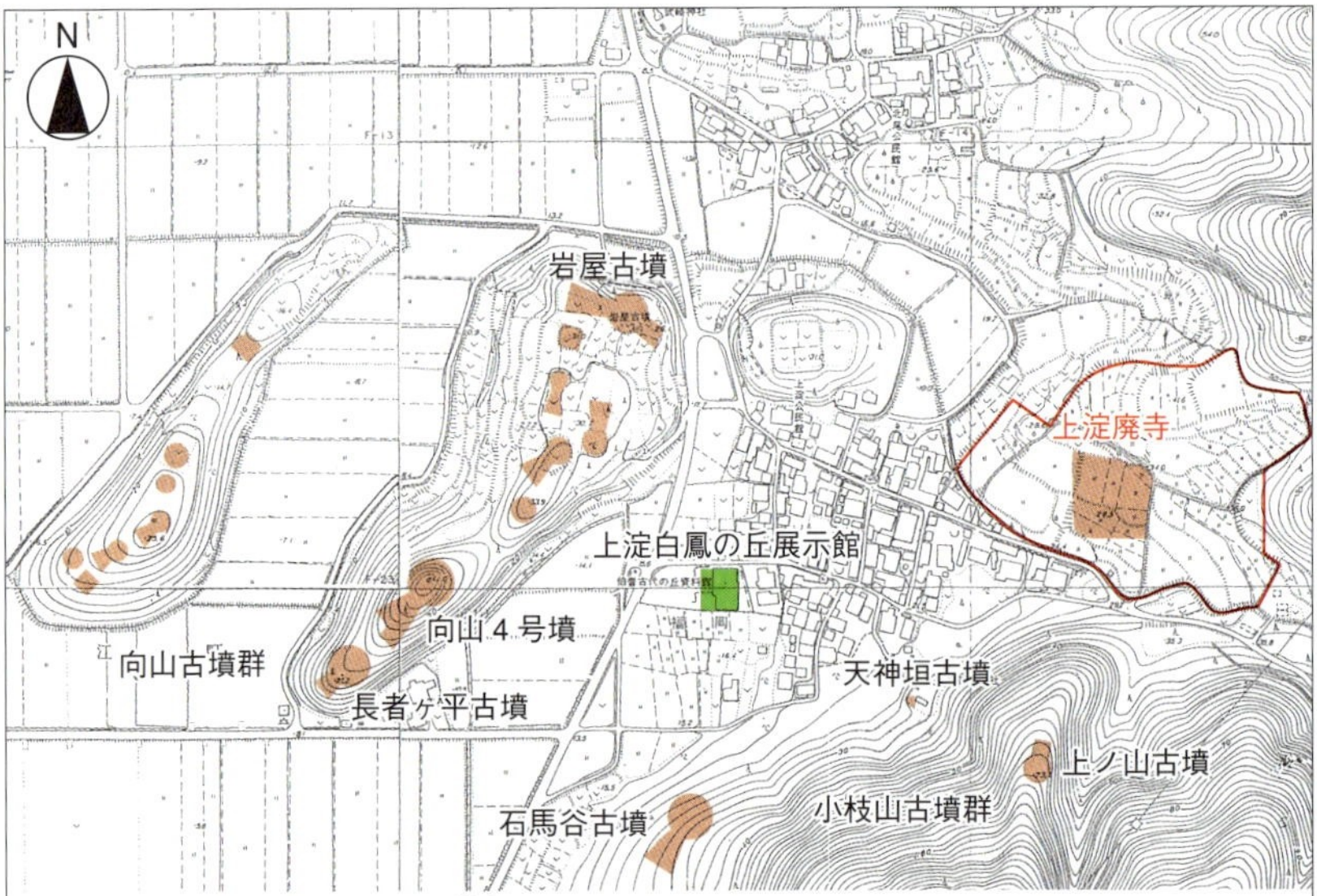

図56 ● 向山古墳群古墳配置図
6世紀には全長50mを超える前方後円墳がつぎつぎと築造される。
後に上淀廃寺を造営することになる有力豪族の台頭がうかがえる。

造の横穴式石室をもち、長者ヶ平古墳（向山五号墳、帆立貝式：五二メートル）からは金銅製透彫冠などの優れた副葬品が出土している。また、石馬谷古墳（小枝山五号墳、前方後円墳：六一・二メートル）からは、九州地方との交渉をうかがわせる石馬《せきば》（重要文化財、**図57**）と裸体石人などが出土したとされており、淀江の地に強大な首長権力が確立したことをうかがわせる。

そして六世紀を中心とするきわめて短期間に、上淀廃寺のある地区に集中して造営される首長墳には、向山丘陵と小枝山丘陵を墓域とする二つの首長系統が存在したことが推定される。もともと同族関係にあったものが、大山北麓地域（後の汗入郡域）の首長として発展する過程で、首長権を輪番的に掌握するようになったものと考えられる。

古墳築造の終焉

六世紀以降、大規模な前方後円墳を連続して造営

図57 • 石馬
九州地方との関わりを感じさせる本州唯一の石馬。淀江の支配者が多方面の地域と交流していたことを示す。地元では「石馬（いしうま）さん」と呼ばれ親しまれている。

した淀江の首長たちは、石棺式石室と呼ばれる埋葬施設にみられる弥生時代から続く古代出雲との深いつながりに加えて、「石馬」や石室の細部構造にみられるような九州地方、長者ヶ平古墳の両袖石室プランや金銅製透彫冠にみられるヤマト王権との対外交流を盛んにおこなっていた。妻木晩田遺跡の山裾につくられた晩田三一号墳（図58）は、規模は一辺一八メートルの方墳であるが、精美な石棺式石室を築いており、七世紀代の最後の淀江の首長墓と推定される。

古墳造営に執念を燃やした列島各地の首長たちは、七世紀後半になると中央集権的な律令国家体制のもとに新たに仏教文化を受け容れる。かつて前方後円墳に代表される壮大な古墳群を造営した古代氏族の氏寺として建立されたのが上淀廃寺なのであろうか。上淀廃寺では最後の前方後円墳・岩屋古墳に埋葬された先祖を供養する法要がおこなわれたのかもしれない。

図58●晩田31号墳
前方後円墳の築造が終焉した7世紀には、精美な石室をともなう方墳が築かれる。やがて有力氏族の力は寺院造営に注がれる。

上淀廃寺を造営した有力氏族

このように古墳時代以来淀江を支配した有力氏族は、みずからの居宅地の一部を寄進して上淀廃寺を造営したと考えられる。『出雲国風土記』の教昊寺・新造院や『日本霊異記《にほんりょういき》』の三谷《みたに》寺（備後《びんご》寺町《てらまち》廃寺）にみるように、古代地方寺院の造立主体は郡領クラスの地方豪族である場合が多い。

伯耆国汗入郡では高田原廃寺を除けば、飛鳥・奈良時代にさかのぼる古代寺院は上淀廃寺のみであり、造営者は同郡の郡領氏族であったと思われる。汗入郡衙（役所）の位置は一〇世紀に書かれた『和名類聚抄《わみょうるいじゅうしょう》』記載の郷名比定とも関係して確定していないが、考古学の立場から有力なのは、正倉院と推定される長者原遺跡がある名和地区と向山古墳群・上淀廃寺のある淀江地区である。長者原遺跡のほうを郷倉《ごうそう》あるいは正倉別院とすれば、上淀廃寺北側に接して、石帯《せきたい》・白釉緑彩《はくゆうりょくさい》陶器等が出土している楚利《そり》遺跡は郡衙候補地のひとつとなるだろう。その場合、八橋郡衙（下斉尾《しもさいのお》1号遺跡・大高野官衙遺跡など）における斎尾廃寺、会見郡衙（坂長《さかちょう》官衙遺跡群）における大寺廃寺同様、上淀廃寺が郡衙近接寺院の「郡寺」であった可能性は高い。上淀廃寺を造営した古代氏族については、かつて隣接地で出土した七世紀代の須恵器に刻まれた「新家」の刻書から「新家《にいのみ》氏」とする説もあったが、この地が汗入郡新井郷とされる以外に根拠は乏しい。その他にも高句麗系の渡来人である日置氏とする意見もあるが、決め手はない。そうした氏族名を特定することは難しいとしても、いずれも造営氏族を渡来系としている点は、交易・交流で繁栄した淀江の地の特性をうかがわせて興味深い。

第6章　上淀廃寺の終焉

1　上淀廃寺炎上

寺院造営と畿内とのつながり

『日本書紀』天武一四年（六八五）三月に「諸国毎家、作仏舎、乃置仏像及経、以礼拝供養」と詔《みことのり》した天武・持統朝における仏教興隆政策は、地方においても寺院の建立を促し、六九二年（持統六）には全国に五四五カ寺を数えるまでになる。

山陰地方もその例外ではなく、各郡単位で郡司層の豪族を檀越とすると思われる寺院が創建されている。すさまじいばかりの仏教への傾斜である。しかし、受戒した僧尼や経典の存在に加えて、寺院の造営は既存建築とはまったく異なる、渡来系の最新技術を必要とするものであった。そうした技術体系あるいは工人を確保することが造営の鍵を握っていたはずであるが、地方での寺院造営にあたって、中央の官寺あるいは畿内の有力氏族の直接的な支援が容易に得られたのだろうか。

確かに大和を中心とする畿内とのつながりが深いことをうかがわせる寺院もいくつかみられる。山陰最古とされる大御堂廃寺は、観世音寺《かんぜおんじ》式伽藍で川原寺系軒丸瓦、類例のほとんどない銅製匙・獣頭などが出土する（図59）。こうした伽藍配置・規模・遺物からは中央と直結した技術がうかがわれ、国家仏教政策を徹底するための地方拠点寺院のひとつであった可能性がある。また、斎尾廃寺は法隆寺と同じ伽藍配置をとり、紀寺式軒丸瓦、蓮華文鴟尾、塼仏などの出土品からは在地色をほとんど感じさせない（図60）。

図59 ● **大御堂廃寺の獣頭**
仏具の飾り金具として使用されたであろう獣頭からは、優れた造形意匠と高い製作技術がうかがえる。

図60 ● **斎尾廃寺の紀寺式軒丸瓦**
法隆寺式伽藍で、瓦などに山陰の地域色はみられず、畿内中央との強い結びつきを感じさせる。複弁八弁蓮華文で、外区に雷文をめぐらせる紀寺式軒丸瓦は山陰で唯一。

ところが、本書で取り上げた上淀廃寺にみられる遺構・遺物の特徴は、これらとは明らかに異なっており、地域色という評価にとどまらない強い個性を放っている。

上淀廃寺にみられる個性

六世紀以降、淀江潟の周辺に前方後円墳を造営して繁栄した有力氏族が、七世紀後半に自らの居宅の一部を寄進して造営したのが上淀廃寺である。三塔一金堂という他に類例のない特異な伽藍と法隆寺とならぶ彩色仏教壁画の出土が最大の特徴といえる。

このうち三塔一金堂建立を指向した意図はいくつか考えられるが、法隆寺式の伽藍配置に二塔を付け加えることで、中塔に真身舎利、南北塔には法身舎利（経典）を納めたとすると、たんなる地形的制約ではなく、そこに釈迦三尊の浄土を出現させようとした深い仏教思想の発露がうかがえるのではなかろうか。

そして壁画で荘厳された金堂内には塑像仏が安置され、八世紀中ごろの大改修により本尊は丈六三尊像に入れ替えられている。その理由はわからないが、壁画の類例が少ないことからしても、上淀廃寺にみられる個性からは、仏教文化を受容する側にも、主体性があったことが感じられる。さらに上淀廃寺が初現と考えられる上淀廃寺式軒丸瓦や山陰型鴟尾が山陰地方に広範囲に広がることからすると、淀江の地に入った仏教文化こそが、弥生時代以来の対外的な交流で磨かれた斬新な思考や力量に裏付けられて、畿内色の強い他寺院の諸要素を抑えて普及・拡散していったのではあるまいか。

上淀廃寺炎上

創建から約三〇〇年が経った一〇世紀後半〜一一世紀ごろ、上淀廃寺は炎上する。廃絶時に存在した金堂・中塔・南塔の基壇周辺から検出された厚い焼土層が、それを物語っている。焼土に混じって、被熱して赤化した瓦、焼結した壁体・塑像片、土師器坏類が出土した。これらは火災後に基壇上の建物の焼け跡から掻き出されたものであろう。

一方で寺院経営という面から瓦をみるとき、不思議なことがある。保存状態のよい塔跡でみると、焼けた瓦を含む焼土層の下層に、被熱していない瓦片が厚く堆積していたのである（図61）。これは炎上以前に堂塔から屋瓦が抜け落ちて堆積するほど伽藍が荒廃していたことを示すものではないだろうか。出土する瓦のバリエーションがあまり豊富とはいえないこともこれを裏付けるが、一〇〇年以上にわたって補修をほとんどおこなわないで伽藍を維持することは困難と考えられ、安定した寺院運営がおこな

図61 • 南塔の瓦落ちの差
赤く焼けた瓦（写真左側）をとりのぞくと、火熱を受けていない瓦が厚く堆積していた。上淀廃寺は炎上前にかなり荒廃していたことがわかる。

われていたかどうかは疑問も残る。

こうしたありさまは、七一六年（霊亀二）五月の寺院併合令で「諸国寺家、堂塔雖成、僧尼莫住、礼仏無聞」と記述されている地方寺院の荒廃を具体的に示しているように思われる。

国分寺・国分尼寺などの官寺や民衆の力により造営された智識の寺と異なり、多くの地方寺院の経営は檀越たる有力氏族の地位や経済力に左右されたことだろう。上淀廃寺造営氏族にとって寺院建立は氏族の繁栄を願う祖先信仰の拠りどころであると同時に、古墳にかわって地域への影響力を誇示するモニュメントでもあった。しかし、古代寺院の造営が墾田所有における寺院優遇政策を経済的な目的とする一面をもっていたこともよく知られている。七四六年（天平一八）の寺院による墾田買集の禁令にみられるような締め付けが、寺院経営に関する熱意を低下させ、上淀廃寺の盛衰にも影を落としたことが推測される。

このように上淀廃寺は、隆盛を誇った寺院が不意の出火により灰燼に帰したのではなく、修理どころか維持管理さえ十分になされずに荒廃した「破れ寺」となっていたものが最終的に焼失したことがわかってきた。また、塔・金堂以外の中門・回廊・築地などからは焼土や被熱瓦などの火災痕跡は認められないため、偶然類焼を免れたか、これらの周辺施設はすでに失われていたのかもしれない。

残念ながら出火原因はわからないが、金堂北側で瓦におおわれた足跡が検出された。泥土のなかを滑ったように足跡が流れているという。「破れ寺」といっても無人というわけではなかったようだ。もし、雨に濡れて滑りやすい状態であったとすれば、激しい雨にともなう落雷が焼失の原因と推理しても面白いが、これは空想の域をでない。

淀江と大山

縄文時代の鮒ヶ口遺跡にはじまり、弥生時代の角田遺跡・妻木晩田遺跡、古墳時代の向山古墳群・石馬から、飛鳥・奈良時代の上淀廃寺まで、淀江の地で活躍した人びとの営みを伝える遺跡が、徐々にその姿をみせはじめている。それは淀江という日本海沿岸における海上交通の拠点を中心として展開した地域間交流を踏まえて、つねに時代の潮流を敏感にとらえ、その渦のなかで逞しく生きた人びとが生みだした歴史的遺産でもある。

図62●大山寺の白鳳金銅仏
山岳寺院として知られる大山寺には、数体の白鳳金銅仏が伝わる。山麓に点在した白鳳寺院との関係がしのばれる。

一〇世紀後半の炎上後、上淀廃寺はどうなったのだろうか。壁画・塑像について仏頭など中心的な像やモティーフが極端に少ないことから、こうした主要破片が川原寺裏山遺跡のように近傍に埋納された可能性も指摘されている。近世には大日堂が建っていたとされるが、いずれにしても往時の伽藍が再建されることはなかったようである。

『出雲国風土記』に「火神岳」と書かれた大山は、平安時代から中世になると山岳寺院大山寺として強勢ぶりが顕著になる。鎌倉時代の『大山寺縁起』には、奈良時代初頭の開山伝承や、平安時代はじめの慈覚大師円仁による大山寺開基などを伝えているが、実際の成立時期は明確になっていない。大山寺には白鳳金銅仏が何体も伝わっていることから、上淀廃寺をはじめとする山麓の白鳳寺院と何からのつながりを有し、早くからそれら里寺の山林修行の場として意識されていた可能性は捨てきれない。それゆえ上淀廃寺など山麓の平地寺院が廃絶した後に、火災を免れたこれらの仏像が大山寺に納められたとは考えられないだろうか（図62）。

2　白鳳寺院の整備と活用

二〇一四年度までの一六次におよぶ発掘調査によって、三塔一金堂の特異な伽藍配置や地方寺院にはめずらしく造営時期が判明するなど、上淀廃寺の伽藍の様相が明らかになった。さらに壁画・塑像の出土により白鳳～天平における仏教寺院堂内荘厳の実像が明らかになったことは稀有なことと言えよう。加えて周辺の寺院付属施設および寺院を建立した有力氏族の居宅跡と考えられる遺構群の存在も明らかになった。

上淀廃寺は、西伯耆における有力氏族によって造営された白鳳時代の寺院の具体的なあり方を知る上で重要な遺跡として一九九六年に国史跡に指定された。中心伽藍のみならず、造営氏族の居館も含む寺院地全体を保護対象としたことの意義は大きい。

上淀廃寺の整備

伽藍炎上から約千年後、発掘調査によってふたたび姿をあらわした白鳳寺院は、二〇〇四年度から往時の姿を再現するため、史跡整備に着手された。思えばこの前年は、天武天皇一二年（六八三年）からじつに二二回目の癸未年だった。淀江町から市町村合併により米子市となっても整備は継続され、現地に中門と南面回廊基壇・東辺築地の側溝と経蔵あるいは鐘楼や付属建物等の平面表示などをおこなうともに、金堂は瓦積基壇と五間×四間の礎石が立体的に復元された。保存状態のよかった中塔・南塔跡

図63 ● 遺跡整備
上淀廃寺は、現在史跡公園として公開されている。金堂の瓦積基壇が復元され、中塔・南塔では発掘当時の様子が再現されている。

は瓦積基壇の発掘状況を精巧なレプリカで表現して調査時の臨場感を再現するとともに、上淀廃寺を特徴づける三塔の理解を助けるために、第三心礎（北塔）をレプリカで表現して北塔の推定基壇範囲を平面表示している。ここに白鳳の精華・上淀廃寺の姿がよみがえったのである（**図63**）。

そして、出土した壁画・塑像にもとづき旧淀江町歴史民俗資料館を改修したガイダンス施設・上淀白鳳の丘展示館内に金堂内部の堂内荘厳が再現された。外陣北面には創建時以来の壁画Ⅰ類を残しながら、八世紀中ごろにおこなわれた大規模な改修を受けて、東・西面は壁画Ⅱ類、本尊は塑像Ⅱ類の丈六級如来坐像と一丈級両脇侍菩薩立像からなる三尊像を原寸大復元している。

三尊像には発掘調査で出土した主要な塑像断片二八点のレプリカが組み込まれ、如来坐像が台座を含めて三・八メートル、脇侍菩薩立像が台座を含めて三・四メートルの尊厳に満ちた大仏だ。金堂安置

図64 ● 上淀廃寺の彼岸花
秋の彼岸に開花することから「ヒガンバナ」とされる赤い花は、別名曼珠沙華とも呼ばれる。その名は仏典に由来するという。

が不確実な像は設置されなかったが、群像のうち観覧者の理解を助けるために効果的と考えられた三尺級神将像（第Ⅲ類）、同規模の供養者像および迦楼羅像（第Ⅳ類）の面部は展示室内に復元展示されている。金堂内の礼拝空間を再現した展示室は、当時の歴史や信仰に触れる新たな体験型展示空間となっている。

こうして二〇一二年三月、白鳳期の堂内荘厳がよみがえったのである。発掘調査開始から約二〇年、上淀白鳳の丘展示館には、白鳳の荘厳・天平の美に触れようと多くの見学者が訪れている。

彼岸花の咲く寺

これからの課題は、第Ⅱ期整備を視野に入れながら、第Ⅰ期整備の終わった現地も含めて、どのように史跡の活用を図っていくかである。たんに展示・公開するのみでなく、寺院遺跡にふさわしい活用ソフトの展開を期待したい。整備中にも試験的におこなわれたが、一般市民の参加を募って段差の多い寺域の斜面に彼岸花（曼珠沙華）を植える取り組みがおこなわれている。最近では秋の彼岸には、たくさんの赤い彼岸花が整備された上淀廃寺を彩るようになった（図64）。

広大な寺院地には、仏に供える花を育てる花園院もあったかもしれない。縄文・弥生時代の集落遺跡などと異なり、難しいと考えがちな古代寺院遺跡の活用であるが、その歴史とともに、知恵と工夫で市民に親しまれる公共空間となることに期待したい。

参考文献

江谷　寛　一九六六「山陰における古瓦の系譜」『古代文化』第一七巻五号
名和町　一九七八『名和町誌』
真田廣幸　一九八〇「奈良時代の伯耆国に見られる軒瓦の様相」『考古学雑誌』第六六巻二号
敦煌文物研究所　一九八一『中国石窟　敦煌莫高窟二・三』平凡社
淀江町教育委員会　一九九二『上淀廃寺と彩色壁画概報』吉川弘文館
淀江国際シンポジウム実行委員会・淀江町教育委員会編　一九九三『上淀廃寺彩色壁画の謎を追う』
中山和之　一九九四「鳥取県淀江町上淀廃寺の造営集団の一側面」『文化財学論集』
法隆寺監修　一九九四『法隆寺金堂壁画』朝日新聞社
三舟隆之　一九九五「上淀廃寺と山陰の古代寺院」『古代王権と交流―出雲世界と古代の山陰―』名著出版
鳥取県企画部地域振興課　一九九六『古代日本海（東海）交流シンポジウム報告書・上淀廃寺を復元する』
沢田正昭　一九九七「古代壁画の顔料と壁土」『文化財保存科学ノート』近未来社
中村唯史・徳岡隆夫・赤木三郎・岩田文章　一九九七「淀江平野の地下地質と淀江潟の復元」『LAGUNA』四
岸本浩忠　二〇〇四「鳥取県内の鴟尾―山陰系鴟尾を中心に―」『郷土と博物館』第四九巻
妹尾周三　二〇〇五「山陰に広がる上淀廃寺式軒丸瓦―伝播と寺院の造営―」『考古論集―川越哲志先生退官記念論文集』
森　郁夫　二〇〇九『日本古代寺院造営の諸問題』雄山閣
百橋明穂　二〇一〇『古代壁画の世界　高松塚・キトラ・法隆寺金堂』歴史文化ライブラリー二九七　吉川弘文館
妹尾周三　二〇一一「出雲へ伝わった仏教の特質―古代寺院から見た地域間交流とその背景―」『古代出雲の多面的交流の研究』島根県古代文化センター
坂本嘉和ほか　二〇一三『下市築地ノ峯東通第2遺跡』鳥取県埋蔵文化財センター
狭川真一　二〇一四「上淀廃寺石造相輪考」『元興寺文化財研究所　研究報告　二〇一三』公益財団法人元興寺文化財研究所
上原真人　二〇一四「記念講演記録　上淀廃寺再考―寺院資材帳からのアプローチ―」『平成二五年度とっとり文化遺産魅力発掘プロジェクト事業報告書』とっとり文化遺産魅力発掘プロジェクト実行委員会
久保穰二朗　二〇一五「山陰の鴟尾」『鳥取県埋蔵文化財センター調査研究紀要六』
とっとり文化遺産魅力発掘プロジェクト実行委員会　二〇一五『よどえの郷トークプレイス講演記録集・上淀廃寺の謎に迫る！』

＊上淀廃寺に関する淀江町・米子市の報告書類は省略した。

国史跡　上淀廃寺跡

・鳥取県米子市淀江町福岡
・見学自由
・交通　JR山陰本線淀江駅から車で5分、徒歩30分

一九九一年に始まった発掘調査は、現在まで一六次を数え、三塔一金堂の特異な伽藍配置、彩色仏教壁画と塑像の出土、寺院地と造営氏族の居宅の確認など、白鳳寺院の全体像を知ることができる貴重な寺院遺跡。

上淀廃寺跡

上淀白鳳の丘展示館

・鳥取県米子市淀江町福岡977―2
・電話　0859（56）2271
・開館時間　9：30～18：00（入館は17：30まで）
・休館日　毎週火曜日・祝日の翌日・年末年始
・入館料　一般310円、高大学生160円
・交通　JR山陰本線淀江駅から車で5分、徒歩20分

上淀廃寺金堂内部の復元展示を中心に、壁画・塑像片などの出土遺物や上淀廃寺建立以前の淀江平野の歴史を物語る考古資料を展示。

上淀白鳳の丘展示館

上淀白鳳の丘展示館・金堂内復元展示

遺跡には感動がある

――シリーズ「遺跡を学ぶ」刊行にあたって――

「遺跡には感動がある」。これが本企画のキーワードです。

あらためていうまでもなく、専門の研究者にとっては遺跡の発掘こそ考古学の基礎をなす基本的な手段です。また、はじめて考古学を学ぶ若い学生や一般の人びとにとって「遺跡は教室」です。

日本考古学では、もうかなり長期間にわたって、発掘・発見ブームが続いています。そして、毎年厖大な数の発掘調査報告書が、主として開発のための事前発掘を担当する埋蔵文化財行政機関や地方自治体などによって刊行されています。そこには専門研究者でさえ完全には把握できないほどの情報や記録が満ちあふれています。しかし、その遺跡の発掘によってどんな学問的成果が得られたのか、その遺跡やそこから出た文化財が古い時代の歴史を知るためにいかなる意義をもつのかなどといった点を、莫大な記述・記録の中から読みとることはなはだ困難です。ましてや、考古学に関心をもつ一般の社会人にとっては、刊行部数が少なく、数があっても高価なその報告書を手にすることすら、ほとんど困難といってよい状況です。

いま日本考古学は過多ともいえる資料と情報量の中で、考古学とはどんな学問か、また遺跡の発掘から何を求め、何を明らかにすべきかといった「哲学」と「指針」が必要な時期にいたっていると認識します。

本企画は「遺跡には感動がある」をキーワードとして、発掘の原点から考古学の本質を問い続ける試みとして、日本考古学が存続する限り、永く継続すべき企画と決意しています。いまや、考古学にすべての人びとの感動を引きつけることが、日本考古学の存立基盤を固めるために、欠かせない努力目標の一つです。必ずや研究者のみならず、多くの市民の共感をいただけるものと信じて疑いません。

二〇〇四年一月

戸沢充則

著者紹介

中原　斉（なかはら・ひとし）

1959年、鳥取県米子市生まれ。

國學院大學文学部史学科（考古学専攻）卒業。

鳥取県教育委員会文化財課歴史遺産室長、鳥取県立むきばんだ史跡公園所長を経て、現在、鳥取県埋蔵文化財センター所長。

主な著作　『前方後円墳集成　中国・四国編』山川出版社、『上淀廃寺』淀江町教育委員会、『須恵器集成図録　第5巻　西日本編』雄山閣、『新修米子市史　第1巻　通史編　原始・古代・中世』、『街道の日本史37　鳥取・米子と隠岐』吉川弘文館、『考古調査ハンドブック4　近世大名墓所要覧』ニューサイエンス社、『鳥取県の歴史散歩』山川出版社（いずれも共著）ほか。

写真提供（所蔵）
米子市教育委員会：図1・4～16・19～26・29・30・32・33・35～39・41・42・44（右）・47（上）・48・51・52・54・57・58・61／便利堂（法隆寺）：図2／アフロ：図17／明日香村教育委員会：図18／京都国立博物館（近江神宮）：図34／隠岐の島町教育委員会：図43（上）／倉吉博物館：図44（左）・59／鳥取県埋蔵文化財センター：図46／鳥取県立博物館：図47（下）・図62（大山寺）／鳥取県立むきばんだ史跡公園：図55／琴浦町教育委員会：図60

図版出典・参考（一部改変）
図3：国土地理院2万5千分の1地形図「淀江」／図40：淀江町教育委員会2004『上淀廃寺Ⅳ』／図50：米子市教育委員会2014『史跡上淀廃寺跡第Ⅰ期保存整備報告書』

上記以外は著者

シリーズ「遺跡を学ぶ」116
よみがえる金堂壁画　上淀廃寺《かみよどはいじ》

2017年3月10日　第1版第1刷発行

著　者＝中原　斉
発行者＝株式会社 新 泉 社
東京都文京区本郷2－5－12
TEL 03（3815）1662／FAX 03（3815）1422
印刷／三秀舎　製本／榎本製本

ISBN978－4－7877－1636－1　C1021

シリーズ「遺跡を学ぶ」

第1ステージ（各1500円＋税）

13 古代祭祀とシルクロードの終着地　沖ノ島　弓場紀知
20 大仏造立の都　紫香楽宮　小笠原好彦
21 律令国家の対蝦夷政策　相馬の製鉄遺跡群　飯村　均
28 泉北丘陵に広がる須恵器窯　陶邑遺跡群　中村　浩
44 東山道の峠の祭祀　神坂峠遺跡　市澤英利
46 律令体制を支えた地方官衙　弥勒寺遺跡群　田中弘志
52 鎮護国家の大伽藍　武蔵国分寺　福田信夫
53 古代出雲の原像をさぐる　加茂岩倉遺跡　田中義昭
58 伊勢神宮に仕える皇女　斎宮跡　駒田利治
66 古代東北統治の拠点　多賀城　進藤秋輝
67 藤原仲麻呂がつくった壮麗な国庁　近江国府　平井美典
69 奈良時代からつづく信濃の村　吉田川西遺跡　原　明芳
76 遠の朝廷　大宰府　杉原敏之
82 古代東国仏教の中心寺院　下野薬師寺　須田　勉
84 斉明天皇の石湯行宮か　久米官衙遺跡群　橋本雄一
85 奇偉荘厳の白鳳寺院　山田寺　箱崎和久
90 銀鉱山王国　石見銀山　遠藤浩巳
95 東アジアに開かれた古代王宮　難波宮　積山　洋

第2ステージ（各1600円＋税）

102 古代国家形成の舞台　飛鳥宮　鶴見泰寿
106 南相馬に躍動する古代の郡役所　泉官衙遺跡　藤木　海
111 日本海を望む「倭の国邑」　妻木晩田遺跡　濵田竜彦
112 平城京を飾った瓦　奈良山瓦窯群　石井清司